거인이 보낸 편지

Positive Thinking Is Not Enough

We all have dreams, don't we? We all want to believe that we're special, that somehow in our lives we can make a difference, that we can touch our family, our friends, or other people in some special way.

◆ ◆ ◆

Notes

토니 로빈스 지음
강성실 옮김

거인이 보낸 편지

토니 로빈스가 말하는
인생 조언

from a Friend

At one time in our lives, we all had an idea of what we really wanted and what we really deserved.

◆ ◆ ◆

Too many people, though, forget their dreams when they face life's challenges. They set their aspirations aside, forget that they have the power to shape their future, then lose their confidence and hope. It's been my life's goal to remind people-people just like you and me – that the power to change anything lies sleeping within us. We can wake up this power and bring our dreams back to life, starting today. This book will give you some simple tools that can truly assist you in making this happen.

RHK
알에이치코리아

삶이 주는 가장 큰 선물은 사랑이며,
가장 큰 기쁨은 그 사랑을 베푸는 일임을
아는 이들에게,

특히 끊임없이 타인의 삶을
개선하고 변화시키며 구제하는
토니 로빈스 재단 Tony Robbins Foundation 의
직원들과 자원봉사자들에게
이 책을 바친다.

《거인이 보낸 편지 Notes from a Friend》는 토니 로빈스의 베스트셀러 《네 안에 잠든 거인을 깨워라 Awaken the Giant Within》와 《무한 능력 Unlimited Power》에서 말하는 개념과 이야기를 바탕으로 비영리 단체인 토니 로빈스 재단에서 1991년에 출간한 책이다.

'어려운 시기'를 보내고 있는 사람들을 돕는다는 취지에서 기획한 이 책은, 앞서 말한 두꺼운 책 2권의 내용을 간소화하고 이해하기 쉬운 몇 가지 지침들로 구성해 독자들이 즉시 삶을 개선하고 변화할 수 있도록 안내하는 한 권의 작은 책이다.

토니 로빈스 재단에서는 매년 주최하는 음식 나눔 행사 '바스켓 브리게이드 Basket Brigade'의 일환으로 불우한 가정이나 개인에게 이 책을 무료로 배포해 왔다. 캐나다와 미국에서 열리는 이 행사는 추수감사절 기간에 불우한 이웃에게 음식과 옷을 비롯해 다양한 생필품을 나누어주는 자원봉사 활동이다. 대륙을 뛰어넘는 이 활동에 동참하기를 원하는 독자는 www.thetonyrobbinsfoundation.org를 참고하기 바란다.

이 책에 대한 저자 인세는 모두 토니 로빈스 재단에 기부하여 음식 나눔 행사와 그 밖의 다른 봉사 활동을 지원하는 데 사용되고 있다.

우선 이 책을 구입해 주신 독자 여러분께 감사의 마음을 전합니다.

자신의 삶을 발전시키고자 이 책을 선택한 여러분의 관심이 다른 이들의 삶을 개선하는 데도 한몫한 셈입니다. 이 책의 판매 수익금은 매년 미국과 캐나다의 15만 명이 넘는 불우한 이웃에게 음식과 교육, 그 밖의 생필품을 제공하는 토니 로빈스 재단의 자원봉사 활동에 큰 힘이 되고 있습니다.

저는 수년 전 우리 재단에서 매년 주최하는 추수감사

절 음식 나눔 행사 '바스켓 브리게이드'의 일환으로 짧은 요약 버전인 이 책을 집필했습니다. 책의 도입부에서도 말했지만, 추수감사절은 제게 아주 큰 의미가 있는 날입니다. 미국의 전통 명절로서 뿐만이 아니라 개인적으로도 특별한 날입니다. 추수감사절이 되면 제가 삶에서 받은 축복에 감사하는 마음이 그 어느 때보다 흘러넘쳐서 다른 이들을 돕고자 하는 마음이 북받쳐 오르는 시기입니다. 다른 이의 관심이 필요하거나 다른 이에게 영감을 얻기를 원하는 독자라면, 이 책을 언제라도 읽을 수 있는 '친구에게서 온 편지'라고 생각하시길 바랍니다. 여러분은 이 책을 통해 인생의 가장 기본적인 진리를 떠올리고, 어떤 어려움을 만나더라도 그것을 헤쳐나갈 수 있는 아이디어를 얻을 수 있을 것입니다.

아이러니하게도 이 책을 나눠주던 수천 명의 자원봉사자들도 책을 받는 사람들만큼이나 이 책의 간결함을 무척 마음에 들어 했습니다. 자원봉사자들은 보람 있는 삶을 누리기 위한 기본적인 진리를 담은 책이라며 이 책을 소장하고 싶어 했습니다. 그리고 비공식적인 조사이긴

하지만, 이 책보다 많은 내용을 담고 있는 저의 전작《네 안에 잠든 거인을 깨워라》와《무한 능력》이 각각 400페이지가 넘는 책의 분량에 압도되어 읽을 엄두를 내지 못하는 사람들이 많다고 알고 있습니다.

그래서 저는 일반 대중을 위해 이 책《거인이 보낸 편지》를 출간해야겠다고 생각했습니다. 이미 저의 전작들을 읽어본 독자라면 이 책에 특별히 새로 추가된 내용이 없다고 느끼실 수도 있습니다. 하지만 이 책이 독자들에게 특별한 효용 가치를 제공해 줄 거라 확신합니다. 즉 내용을 간결화함으로써 가독성과 접근성을 높인 이 책을 다시 읽으면서 새로운 관점을 얻게 될 것입니다. 또한 제 책을 처음 접하는 독자들에게는 이 책이 흥미로운 입문서가 되기를 바라며《거인이 보낸 편지》가 탄생하게 된 근원이라 할 수 있는, 앞에서 말한 책들도 함께 읽어보시길 권합니다.

우리는 누구나 어려운 시기를 겪을 수 있다는 사실을 잊고는 합니다. 마치 내 자신보다 어떤 사건이나 상황이,

내 삶을 더 많이 통제하는 것처럼 느껴지는 그런 순간 말이지요. 때때로 우리는 슬픔에 빠져 혼자 고립된 느낌을 받기도 합니다. 예컨대 직장을 잃으면, 여전히 가족이나 사랑하는 사람들이 내 곁에 있음에도 불구하고 엄청난 상실감을 느낄 수 있습니다. 자신이 겪는 어려움이 너무 크게 느껴져서 주위 사람들이 느끼는 좌절감은 간과되기도 합니다.

하지만 삶이 주는 어려움이 나 혼자만 겪는 일은 아닙니다. 의미 있는 삶과 진정한 성공은 이웃이 겪는 고통을 이해하고 배려하는 법을 배움으로써 완성됩니다. 고통받는 사람들을 이해하고 배려함으로써 우리는 자신의 삶과 심지어 자신이 겪는 어려움에까지 감사한 마음을 가지게 됩니다. 궁극적으로 인생의 풍요로움을 누리는 유일한 방법은 항상 감사한 마음을 갖고 사는 것입니다. 당신이 지금 가진 것들에 감사해하며, 다른 이들에게 베풀 수 있다는 사실에 감사해야 합니다. 행복을 보장받을 수 있는 가장 확실한 길은 다른 사람들도 행복을 누릴 수 있도록 돕는 것입니다.

이 책을 읽고 있는 여러분께서는 이미 다른 사람들에게 도움을 준 것이나 마찬가지입니다. 음식 나눔 활동의 '명예 회원'으로서 음식 이상의 것을 나누고자 하는 우리의 노력에 동참하고 있기 때문입니다. 이 책《거인이 보낸 편지》는 사람들에게 생각할 거리와 자신의 삶을 돌아보는 방법을 제시하여, 삶을 변화시키고 개선하는 시작점이 되고자 합니다.

여러분의 도움에 감사드립니다. 이 책이 여러분의 삶의 질을 크게 높이는 것은 물론, 다른 이들을 도울 수 있는 영감을 전해 주기를 간절히 바랍니다.

차례

—☘ ☘ ☘—

몇 페이지 되지 않은 이 책을 통해

더 행복해지고, 더 삶이 풍족해지며,

삶의 거의 모든 부분들을 더 나아지게 할 수 있는

간단한 방법을 배울 수 있다면,

당신의 삶에 어떤 일이 일어나게 될까?

한 남자의 이야기

오래전 어린 자녀를 둔 한 부부가 걱정스러운 마음으로 추수감사절 아침을 맞이했다. 부부는 추수감사절은 감사로 가득한 날이 아니라, 그들이 무엇을 가지지 못했는지를 뼈저리게 느끼게 하는 날이었다. 그들이 이 명절에 할 수 있는 건, 가족이 함께 모여 빈약한 식사를 함께 하는 정도였다. 지역 자선 단체를 찾아가면 칠면조 요리와 함께 몇 가지 특식을 맛볼 수 있었지만, 부부는 그렇게 하지 않았다. 자존심이 허락하지 않았기 때문이었다.

어떻게든 자기들이 할 수 있는 선에서 추수감사절을 지내보고자 했다.

경제적 어려움으로 좌절감과 절망에 휩싸인 부부는 돌이킬 수 없을 정도로 거친 말들을 주고받기도 했다. 큰아들은 사랑하는 부모가 점점 더 분노와 우울에 사로잡히는 모습을 보면서 자신이 아무런 도움이 되지 못한다는 사실에 괴로워했다.

그때 운명의 여신이 그들에게 손을 내밀었다. 뜻밖의 손님이 현관문을 두드리는 것이 아닌가! 큰아들이 문을 열자 허름한 옷차림을 한 키 큰 남자가 서 있었다. 그는 활짝 웃으며 추수감사절 음식(칠면조와 칠면조 요리 안에 넣는 속재료, 파이, 고구마, 통조림 등)으로 가득 채워진 커다란 바구니를 내밀었다.

가족들은 깜짝 놀랐다. 문 앞에 선 남자는 놀란 가족들에게 이렇게 말했다.

"이건 여러분이 도움이 필요하다는 걸 아는 누군가가 보낸 음식입니다. 그 사람은 여러분이 사랑과 관심을 받고 있음을 알기를 바랍니다."

가족들이 바구니를 받지 않고 사양하자 남자는 "저는 그저 심부름꾼일 뿐입니다."라고 말하며 웃으며 아들에게 바구니를 안겨주었다. 그리고 돌아서며 "행복한 추수감사절 보내세요!"라고 인사하고 사라졌다.

그때 그 순간, 이 소년의 인생이 완전히 바뀌었다. 누군가가 베푼 작은 친절을 통해 소년은 세상에는 언제나 희망이 존재한다는 것과 '서로 전혀 알지 못하는 사람들'까지도 이웃에게 관심을 가지고 도우려 한다는 사실을 깨달았다. 그때 느낀 감사함은 소년을 크게 변화시켰고, 언젠가 형편이 나아지면 자신도 다른 사람들에게 자신이 받은 도움을 되돌려주어야겠다고 다짐하는 계기가 되었다.

그리고 열여덟 살이 되자, 그는 자신의 다짐을 실천하기 시작했다. 얼마 되지 않는 수입이었지만 그 돈으로 자신을 위한 것이 아니라 형편이 어려워 먹을 것을 사지 못하는 두 가족을 위한 음식을 샀다. 그리고 배달원인 척하며 음식을 전달하기 위해, 일부러 낡은 청바지와 티셔츠를 입고 갔다. 다 허물어져 가는 첫 번째 집에 도착하자 한 라틴계 여성이 의심스러운 눈초리로 그를 맞이했다.

그녀에게는 여섯 명의 아이가 있었고, 남편이 불과 며칠 전에 가족을 버리고 떠나버려서, 그들에게는 먹을 것이 하나도 없었다.

청년이 말했다.

"부인께 전해 드릴 것이 있어서 왔습니다."

그러고는 차에서 각종 음식(칠면조와 칠면조 요리 안에 넣을 속재료, 파이, 고구마, 통조림 등)으로 가득한 봉지와 상자를 나르기 시작했다. 이 광경을 본 여자는 입이 떡 벌어졌다. 음식을 집 안으로 나르는 모습을 본 아이들은 기쁨의 탄성을 질렀다.

여자는 어눌한 영어로 청년의 팔을 잡고 여기저기에 입을 맞추며 말했다.

"당신은 분명 신이 보낸 선물이에요! 당신 신이 보낸 선물 맞죠?"

청년은 "아니요, 아닙니다. 저는 배달원일 뿐이에요. 이 건 어느 친구가 보낸 선물입니다."라고 말하며 다음과 같은 말이 적힌 쪽지 하나를 그녀에게 건넸다.

"저는 당신의 친구입니다. 행복한 오늘을 보내세요. 당신과 당신의 가족은 오늘을 누릴 자격이 있으니까요. 여러분이 사랑받고 있다는 사실을 아셨으면 합니다. 그리고 언젠가 성공해서 기회가 생긴다면, 다른 사람에게 이 선물을 되돌려주길 바랍니다."

청년은 음식을 마저 집안으로 옮겼다. 음식을 받은 가족들의 흥분과 기쁨, 사랑의 감정은 점점 커져 최고조에 달했다. 임무를 마치고 떠날 때가 되자 청년은 그들과 유대감이 생긴 듯했고, 누군가를 도왔다는 뿌듯함에 감격의 눈물이 솟아올랐다. 그는 자신이 도운 가족의 행복한 얼굴을 뒤로 하고 자동차를 몰아 그곳을 나오면서, 결국 자신의 '아주 불우했던' 어린 시절이 지금 행동의 계기가 되었으며 그 시절이 사실 신이 주신 선물이었음을 깨달았다. 신께서 그를 헌신하는 삶으로 이끈 것이다.

이 일을 계기로 그는 지금까지 이어지는 타인을 돕는 여정을 시작하게 되었다. 즉, 그는 자신이 어린 시절에 받았던 선물을 다른 이들에게 되돌려주면서, 그들에게도 항상 자신이 받은 선물을 되돌려줄 수 있는 길이 열려 있으며 자신이 사랑받고 있는 존재라는 사실을 알려주려 했다. 또 지금 어떤 어려움을 겪고 있더라도 그 어려움은 작은 이해와 노력, 그리고 과감한 실천으로 개인의 성장과 미래의 행복을 위한 소중한 교훈과 기회로 탈바꿈시킬 수 있음을 알려주기 위해 노력했다.

내가 어떻게 이 청년과 그 가족에게 무슨 일이 있었고 어떤 생각을 했는지 이토록 상세히 알고 있을까? 그 청년이 바로 '나'였기 때문이다.

나는 누군가는 당신에게 관심을 기울이고 있다는 사실을 알려주고자 이 책을 썼다. 지금 상황이 아무리 버겁고 힘들더라도 당신은 그 상황을 긍정적인 방향으로 바꿀 수 있다는 사실을 깨닫길 바란다. 당신은 꿈꾸던 일을 현실로 만들 수 있다. 그 방법은 이 글을 읽고 있는 바로 지금, 당신 내면의 힘을 깨우는 것이다. 당신 내면의 힘은 당신의 삶을 순식간에 변화시킬 수 있다. 당신은 그저 당신의 내면에서 잠자는 거인을 깨우기만 하면 된다.

어떻게 이토록 확신을 갖고 말할 수 있느냐고?

나 자신이 내 안의 거인의 힘으로 삶을 완전히 변화시켰기 때문이다. 십여 년 전만 해도, 나는 희망 없는 절망 속에서 허우적대고 있었다. 나는 캘리포니아 주 베니스에 있는 줌아터진 11평짜리 독신자 아파트에서 살고 있었고, 외롭고 비참했으며, 체중은 정상보다 17킬로그램이나 더 나갔다. 미래에 대한 계획도 없었고, 날 비참하게 짓밟고 있는 삶에서 헤어날 방도는 없다고 생각했다. 경제적으로는 파산 상태였고, 정신적으로도 피폐해져 있었다. 나는 완전히 무력감과 패배감에 젖어 있었다.

하지만 나는 1년도 지나지 않아, 그 모든 상황을 바꾸었다. 30일 만에 13킬로그램을 감량했고, 그 체중을 계속 유지했다. 단순히 다이어트만 한 것이 아니라 사고방식을 바꾼 덕분이었다. 훈련을 통해 내 몸을 최상의 컨디션으로 유지했다. 힘든 시기를 극복하고 내가 꿈꾸던 목표를 달성하기 위한 자신감을 길렀다.

내 성공의 비결은 다른 사람이 필요로 하는 것에 집중

하는 데 있었다. "사람들의 삶에 어떤 가치를 더해 줄 수 있을까?"라고 끊임없이 질문했다. 이러한 질문의 과정을 통해 나는 리더로 성장할 수 있었다. 나 자신을 변화시킬 수 없다면 다른 이들의 변화도 도울 수 없다는 사실을 나는 일찌감치 깨달았다. 남을 돕는 삶을 살기 위해서는 내가 먼저 더 나은 사람이 되어야 했다. 더 나은 사람이 되기 위해 노력하는 과정에서 이상형인 여성을 만나 결혼을 하고 아빠가 되었다. 나는 근근이 먹고살던 삶에서 순자산이 1백만 달러가 넘는 삶으로 바꾸는 데 채 1년도 걸리지 않았다. 이제는 낡은 아파트를 떠나 태평양이 내려다보이는 300평 규모의 대저택에서 산다.

하지만 나는 거기서 멈추지 않았다. 내가 내 자신을 도울 수 있다는 사실을 알게 되자, 다른 사람들을 도울 수 있는 효과적인 방법을 찾기 시작했다. 나는 번개같이 빠른 속도로 변화를 이루어낸 롤모델을 찾기 시작했다. 이렇게 최고의 기량을 발휘하는 인물들은 세계적으로 유명한 소수의 강사나 심리치료사들이었다. 이들은 몇 년에 걸쳐 환자를 치료하는 것이 아니라, 두어 시간의 상담만으로도 사람들이 자신의 문제를 해결하도록 돕는 능력이 있었다. 마치 스펀지가 물을 빨아들이듯, 나는 그들에게서 가능한 한 많은 것들을 배워서 즉시 행동하기 시작했다. 그리고 나만의 전략과 이론을 키워나갔다.

그 후로 나는 전 세계 42개국의 백만 명이 넘는 사람들에게 나의 전략과 이론을 소개해 인생을 바꿀 수 있는 '도구'를 제공하고, 그들을 코치하게 되었다. 나는 육체노동자에서부터 전 세계의 로열패밀리, 국가의 수장과 회사의 경영자, 학부모회PTA협회장, 영화배우, 운동선수와 스포츠팀, 엄마들과 의사, 아이들과 노숙자에 이르기까지 아주 다양한 사람들에게 나의 전략과 이론을 공유하는 특권과 기회를 누렸다. 책과 테이프, 강연, TV 프로그램을 통해 나는 문자 그대로 수천만 명의 사람들을 만날 수 있었다. 이 모든 활동에서 나의 목표는 사람들이 자기 삶의 주인이 되어 즉시 삶의 질을 개선하도록 돕는 것이었다.

나는 당신에게 좋은 인상을 주기 위해 이런 이야기를 하는 것이 아니라 사람이 얼마나 빠르게 변화할 수 있는지를 이야기하고자 하는 것이다. 무엇이 우리의 생각과 감정, 행동을 형성하는지 이해하기만 한다면 그다음에 필요한 것은 지속적이고 지적이며 확고한 행동이다. 나는 이 책을 통해 당신이 꿈꾸는 변화를 이룰 수 있도록 돕는 코치 역할을 하려 한다.

긍정적인 사고만으로는 부족하다

우리는 모두 꿈을 가지고 있다. 그렇지 않은가? 우리는 모두 자신이 특별하다고 믿는다. 자신의 삶을 변화시키고, 가족과 친구들 혹은 다른 사람들의 마음을 특별한 방법으로 움직일 수 있다고 믿는다. 한때 우리는 자신이 진정으로 원하는 것이 무엇이고, 무엇을 받을 만한 자격이 있는지 잘 알고 있었다.

하지만 많은 사람이 삶의 어려움에 부딪치면서 꿈을 잃어버린다. 자신이 본래 품었던 열망은 제쳐두고, 스스로 미래를 만들어갈 힘이 있다는 사실을 잊어버리고, 자신감과 희망도 잃어버린다. 내 인생의 목표는 사람들에게(당신과 나와 같은) 우리 내면에 무엇이든 변화시킬 수 있는 힘이 잠재되어 있다는 사실을 깨우쳐 주는 것이었다. 이 힘을 깨우면 꿈을 현실로 만들 수 있다. 오늘 당장 시작하자! 이 책은 여러분이 꿈을 현실로 만드는 데 도움이 되는 쉽고 간단한 방법을 제공할 것이다.

물론 '긍정적인 사고'는 훌륭한 출발점이다. 당신은 분명 어떤 일이 어떻게 '잘못되는'지에 초점을 맞추기보다는 어떻게 하면 상황을 전환할 수 있는지 '해결책'에 초점을 맞출 것이다. 그러나 긍정적인 사고만으로는 인생을 바꾸지 못한다. 사고방식과 감정을 전환하고 '살아가는 동안 하루하루'를 어떻게 보낼 것인가에 대한 전략과 단계적인 계획이 필요하다.

우리는 누구나 삶에서 무언가를 바꾸거나 개선하고 싶어 한다. 우리가 바꾸고 싶어 하는 것은 결국 다음 두 가지에 해당한다. 바로 우리의 감정과 행동이다. 예컨대 감정에서는 더 자신감을 갖고 싶다거나, 두려움을 극복하거나, 좌절감에서 벗어나거나, 행복을 느끼거나, 과거에 일어난 일에서 기분이 나아지기를 원한다. 행동에서는 담배나 술을 끊거나, 일을 미루는 습관을 고치는 등 지금까지와는 달라지고 싶어 한다. 그러나 모두가 이런 변화를 원하지만, 실제로 변화하고 그 변화를 지속시킬 수 있는 사람은 지극히 소수라는 것이 문제다.

이 책을 통해 나는 당신이 지속적이고 긍정적인 방향으로 나아갈 수 있도록 도우려 한다. 이 얇은 책 한 권으로 모든 걸 한 번에 바꿔줄 수 있다는 약속은 할 수 없다. 하지만 이 책에서 앞으로 만나게 될 간단한 방법들을 활용한다면 당신은 분명 자기 삶의 주인이 되어 삶의 질을 높일 수 있을 것이다. 그리고 이 방법들을 활용해 가족과 친구들을 도울 수도 있을 것이다.

당신이 변화를 위해 해야 할 유일한 일은 변할 수 있다고 믿는 것이다. 과거는 중요하지 않다. 과거에 어떤 실패를 경험했든 그것은 당신이 지금 하려는 일과는 관계가 없다. 당신이 지금 무슨 일을 하느냐가 앞으로 당신의 운명을 결정할 것이다.

지금 당장, 당신 자신과 친구가 돼라. 이미 벌어진 일로 자신을 혹독하게 비난해서는 안 된다. 지나간 문제에 집중하기보다는 해결책에 집중하는 편이 바람직하다.

당신은 이 여정에 오르기를 원하는가? 그렇다면 지금부터 어떻게 하면 우리의 삶을 변화시킬 수 있을지 출발해 보자.

무력감 속에서도
상황을 바꿀 수 있다

위기가 기회다

인생을 살아가다 보면 우리가 통제할 수 없는 일들이 자주 벌어진다. 회사에서 구조조정으로 해고당하기도 하고, 배우자가 가출하기도 하며, 가족 중 누군가가 병에 걸리거나, 가까운 사람이 세상을 떠나기도 한다. 생활을 의지하던 정부 보조금이 끊기기도 한다. 그럴 때면 상황을 바꾸기 위해 우리가 할 수 있는 일이란 아무것도 없는 것처럼 느껴진다.

어쩌면 당신은 직장을 구하기 위해, 가족을 돕기 위해,

소울메이트를 찾기 위해, 혹은 그저 더 행복해지기 위해 생각할 수 있는 모든 방법을 동원해 보았을지도 모른다. 하지만 그 방법들 중 효과는 아무것도 없었다. 새로운 방법을 시도해 보고 최선을 다했음에도 여전히 목표에 도달하지 못하게 되면 다시 시도하기가 두려워진다. 그 이유가 무엇일까?

우리는 모두 고통을 피하고 싶어 하기 때문이다! 다시 실패하기를 원치 않는 것은 당연하다. 결국 좌절하게 될 일에 자신의 모든 것을 바치기를 원하는 사람은 없다. 그래서 좌절을 수차례 경험한 끝에 결국 시도를 포기하게 된다! 우리는 결국 어떻게 해도 되지 않을 거라고 믿는 상태에 이르게 된다.

당신이 더 이상 시도조차 하고 싶지 않은 상태에 이르게 된다면 자신을 이른바 '학습된 무력감' 속으로 밀어 넣은 것이라 볼 수 있다. 이는 말 그대로 자신이 '무력하다'고 스스로에게 주입시킨(가르친) 상태인 것이다.

다행인 것은 그런 생각이 잘못되었다는 것이다. 당신은 원하는 일이 일어나도록 만들 수 있다! 인식과 행동을

바꾸어 현재의 삶에서 바꾸고 싶은 것이라면 무엇이든
바꿀 수 있다.

"나의 시도가 실패하더라도 나는 실망하지 않는다.
선택받지 못한 모든 시도는
또 다른 성공의 밑거름이 되기 때문이다."

— 토머스 에디슨Thomas Edison

삶을 변화시키는 첫걸음은 아무것도 할 수 없다거나
자신이 무력하다고 생각하는 부정적인 믿음을 떨쳐버리
는 것이다. 어떻게 하면 부정적인 믿음을 제거할 수 있을
까? 사람들이 무언가를 할 수 없다고 말하는 이유는 대
개 과거에 그 일을 시도했지만 실패한 적이 있기 때문이
다. 하지만 이 사실을 기억해야 한다.

(나는 살아가면서 이 문장을 신조로 삼았다.) "당신의 미래
는 과거의 동일한 반복이 아니다." 중요한 것은 과거가

아니라 '바로 지금' 무엇을 하고 있는가이다. 얼마나 많은 사람들이 백미러를 바라보며 미래를 향해 운전해 나아가고 있는가 말이다! 만약 당신도 그렇게 하고 있다면 사고가 발생할 수 있다. 상황을 개선하려면 지금 현재 무엇을 할 수 있는가에 집중해야 한다.

꾸준한 노력에는
보상이 따르기 마련이다

많은 사람들은 내게 "성공하기 위해 수만 가지 방법을 다 시도해 봤지만 효과가 없었다." 혹은 "수천 가지 방법을 동원해 봤다."고 하소연한다. 그렇다면 한번 생각해 보자. 이들이 상황을 바꾸기 위해 수백 가지는 고사하고 수십 가지의 방법이라도 시도해 보았을까? 실제로 대다수의 사람들은 변화를 일으키기 위해 열 가지 정도의 방법을 시도해 보다 결과가 좋지 못하면 포기했을 것이다.

성공의 비결은 자신에게 가장 중요한 것이 무엇인지

결정하고 그것을 달성하기 위해 날마다 일관적인 노력을 기울이는 것이다. 성과가 그다지 좋지 않을 때조차도 말이다.

한 가지 사례를 살펴보자. 당신은 아마 (켄터키프라이드치킨KFC의 창업주인) 커넬 샌더스Colonel Sanders라는 이름을 들어본 적이 있을 것이다. 커넬 샌더스는 어떻게 그렇게 놀라운 성공을 거두게 되었을까? 원래 부유한 집안에서 태어났기 때문이었을까? 그의 부모가 부자라서 그를 하버드 같은 일류 대학에 보냈기 때문일까? 아니면 일찌감치 어린 나이에 사업에 눈을 떠 성공을 거둔 건지도 모른다. 이들 중 하나라도 그에게 해당하는 이유가 있을까?

대답은 '아니오'이다. 놀랍게도 커넬 샌더스는 65세가 되어서야 자신의 꿈을 향해 첫발을 내디뎠다! 마침내 그가 행동에 나서게 된 계기는 무엇이었을까? 당시 그는 무일푼의 혈혈단신이었다. 처음으로 사회보장 연금 105달러를 받아들고는 화가 치밀었다. 하지만 사회를 원망하거나 의회에 불만을 토로하는 편지를 보내는 대신 스스로 이렇게 물었다. '내가 다른 사람들에게 도움이 될 만한 어떤 일을 할 수 있을까? 이 사회에 무엇을 되돌려줄 수 있을까?' 그는 자신이 가지고 있는 것 중 다른 이들에게 가치를 더해 줄 수 있는 것이 무엇이 있는지 고민하기 시작했다.

그 질문에 대해 가장 먼저 떠오른 답은 '나는 사람들이 모두 맛있다고 칭찬한 닭고기 조리법을 알고 있어! 이 닭고기 조리법을 음식점에 팔아보면 어떨까? 그걸로 돈도 벌 수 있지 않을까?' 하지만 곧 '당치 않은 생각이야. 조리법을 팔아봤자 집세도 안 나올 거야.'라는 생각이 고개를 들었다. 그리고 또 새로운 아이디어가 떠올랐다. '조리법만 판매할 게 아니라 닭을 조리하는 걸 시연해 보면 어떨까? 닭고기가 너무 맛있어서 음식점의 사업이 번창한다면? 더 많은 사람이 닭고기를 조리하는 걸 보러 올수록 음식점 매출은 상승할 것이고 그러면 음식점은 상승한 매출의 몇 퍼센트 정도는 내게 떼어주려 할 거야.'

훌륭한 아이디어를 생각해내는 사람은 많다. 하지만 커넬 샌더스는 달랐다. 그는 훌륭한 아이디어를 생각해내는 데 그치지 않았다. '그 아이디어를 실행에 옮겼다.'

그는 당장 음식점의 문을 두드리며 주인에게 자신의 아이디어를 제안하기 시작했다.

"저는 닭고기를 기가 막히게 맛있게 조리하는 비법을 알고 있어요. 닭을 그렇게 조리한다면 매출이 크게 오를 게 분명해요. 그럼 오른 매출의 몇 퍼센트만 제게 떼어주시면 됩니다."

많은 음식점은 그의 말에 코웃음을 쳤다. 그들은 "이보세요, 할아버지! 나가주세요. 그 우스꽝스러운 하얀 양복은 도대체 왜 입은 겁니까?"라고 말했다. 그렇다고 커넬 샌더스가 포기했을까? 물론 아니다.

그는 성공의 제1 법칙을 알고 있었다. 나는 그걸 '퍼스널 파워personal power (자기 역량)'라고 부른다. "퍼스널 파워란 꾸준히 행동에 옮기는 것을 의미한다. 당신은 무언가를 할 때마다 그것을 통해 배우게 된다. 그리고 다음번에 그 일을 더 잘할 수 있는 방법을 깨우치게 된다." 커넬 샌더스는 분명 이 퍼스널 파워를 활용한 것이다! 자신의 제안을 거절한 음식점에 불쾌해하며 의기소침해지기보다는 어떻게 하면 다음에 문을 두드릴 음식점을 더 효과적으로 설득해서 원하는 성과를 얻을지에 즉시 골몰했다.

원하는 답을 얻기까지 커넬 샌더스가 '노'라는 답변을 몇 번이나 들었을 것 같은가? 처음으로 '예스'라는 답변을 얻어낼 때까지 무려 1009번의 거절을 감내해야 했다. 매일 아침 새로운 사람을 만나 자신의 아이디어를 제안하겠다는 열의에 차 있던 그는, 낡아빠진 오래된 차의 뒷좌석에서 구겨진 하얀 양복을 입은 채로 새우잠을 자며 2년 동안 미국 전역을 누비고 다녔다. 하루 종일 식사라고는 고객에게 맛보이기 위해 준비해 둔 시식용 치킨을 조금 먹는 것이 전부일 때도 많았다. 1009번의 거절(장장 2년 동안 대부분 거절이었다!)을 참아내며 계속할 사람이 몇 명이나 되겠는가? 거의 없을 것이다. 그것이 바로 커넬 샌더스가 독보적일 수밖에 없는 이유이다. 아마 대다수의 사람은 스무 번의 거절도 견뎌내기 어려웠을 것이다. 하물며 백 번, 천 번은 말할 필요가 있겠는가! 그렇지만 실제로 성공에 이르려면 이렇게 수백 수천 번의 거절을 넘어서야 한다.

역사상 가장 성공한 인물들을 살펴보면 다음의 공통

점을 발견하게 된다. 그들은 거절을 받아들이지 않는다. '노'라는 대답을 수락하지 않는 것이다. 그 무엇도 그들이 자신의 비전과 목표를 실현하는 것을 막지 못한다. 월트 디즈니 Walt Disney가 '지구상에서 가장 행복한 공간'을 만들겠다는 꿈을 실현하기 위해 자금을 조달할 때 302번 거절당했다는 사실을 알고 있는가? 은행들은 모두 그가 제정신이 아니라고 생각했다. 하지만 결코 미친 것이 아니었다. 그는 선지자였으며, 더 중요한 사실은 그가 자신의 비전을 현실화하기 위해 최선의 노력을 다하고 있었다는 것이다. 오늘날 수많은 사람들은 '디즈니가 선사하는 기쁨'을 누리고 있다. 디즈니랜드는 한 사람의 결단으로 건설된 그 어느 것에도 견줄 수 없는 세계이다.

형편없는 비좁은 아파트에서 살면서 욕조에 설거지를 하던 시절 나는 이런 성공 스토리들을 계속해서 스스로 상기시켜야만 했다. 그리고 이렇게 되뇌었다. "어떤 문제도 영원히 지속되지 않는다. 어떤 문제도 나의 전체 인생에 영향을 끼치지는 못한다. 일관적이고 긍정적이고 건설적인 행동을 적극적으로 계속해 나간다면 이 또한 지나갈 것이다." 나는 항상 생각했다. "비록 현재 나의 삶은 형편없어 보일지라도 두 명의 친구가 있으며, 모든 신체 감각이 건강하고 신선한 공기를 마실 수 있다는 사실 등 감사해야 할 것이 많다."

나는 내가 원하는 것, 그리고 문제보다는 '해결책'에 집중하라고 자신에게 끊임없이 주문했다. 그리고 어떤 문제도 나의 전체 인생에 영향을 끼치지는 못한다는 사실을 기억했다. 비록 지금 당장은 그렇게 보인다고 할지라도 말이다.

그래서 나는 금전적인 문제나 감정적 어려움을 겪는다고 해서 인생 전체를 망쳤다는 생각은 하지 않기로 결심했다. 내게는 아무런 문제가 없으며 그저 잠시 '쉬어가는 시간'을 가지는 것일 뿐이라고 생각하기로 마음먹었다. 다시 말해서, 나는 내가 뿌린 씨앗을 틔워 계속 키워나가다 보면(적절한 행동을 꾸준히 해나가다 보면) 마침내 인생의 겨울에서 벗어나 봄을 맞이하게 되리라는 사실을 알고 있었다. 봄이 오면 겉으로 보기에는 헛수고로 보였던 수년간의 노력에 대해 보상을 받게 된다. 또한 완전히 똑같은 행동을 계속 반복하면서 다른 결과가 나오기만을 기대하는 것은 터무니없는 기대라고 결론 내렸다. 새로운 무언가를 시도해 봐야 하며, 원하는 답을 찾을 때까지 계속해야만 한다.

내가 당신에게 전하고자 하는 메시지는 단순하다. 당신은 이것이 진실임을 마음속 깊숙이 알고 있다. "목표를 추구함에 있어 꾸준하면서도 유연성 있게 일관성 있는 행동을 적극적으로 해나간다면 궁극적으로 당신이 원하는 일을 이루게 될 것이다. 해결책이 없다는 생각은 버려라." 비록 작은 일일지라도 오늘 취할 수 있는 행동에 초점을 맞추어야 한다.

논리적으로 타당한 말이 아닌가? 그렇다면 왜 더 많은 사람이 '일단 해 봐Just Do It'라는 나이키의 광고 문구를 따르지 않는 걸까? 실패에 대한 두려움 때문에 스스로 가능성의 문을 닫고 있기 때문이다. 하지만 나는 실패에 좋은 점도 있다는 사실을 알게 되었다.

세상에
실패란 없다

세상에
실패란 없다

이제 당신이 결정을 내릴 때다. 지금 당장 앞으로 다시는 패배감이나 우울감에 빠지지 않겠다고 자신에게 약속해야 한다. 그렇다고 앞에 놓인 어려움을 비현실적인 시각으로 바라보아야 한다는 뜻은 아니다. 패배감과 우울감이 당신이 인생을 바꿀 수 있는 행동에 나서지 못하게 만든다는 것을 알아야 한다는 뜻이다. 비록 지금은 불가능해 보일지라도 가능하게 만들 수 있다고 믿어야 한다. 우리는 모두 문제에 부딪히고 실망과 좌절을 경험하기도 하지만 우리의 삶을 결정짓는 가장 중요한 것은 이 어려움을 어떻게 헤쳐 나가는가 하는 것이다.

실제로 이를 잘 보여주는 훌륭한 사례를 들어보겠다. 오래전 유명한 음악가가 되겠다는 꿈을 품은 한 젊은이가 있었다. 그는 학교를 그만두고 음악을 하기 위해 거리로 나섰다. 직장 경험이 전혀 없는 고등학교 중퇴자가 일자리를 구하기란 하늘의 별따기였다. 그러던 중 그는 시내에 위치한 매우 지저분한 술집에서 피아노를 연주하며 노래를 부르는 일을 구했다. 술에 취한 사람들은 그가 거기에 있는지조차 알아보지 못했지만 그는 열과 성을 다해 노래했다. 그가 얼마나 좌절감과 수치심을 느꼈을지 상상이 가는가? 그는 우울감에 빠져 정서적으로 피폐해졌다. 돈이 없어 세탁소에서 잠을 청하기도 했다. 당시 그에게 유일한 버팀목은 그의 눈에 세상에서 가장 아름다워 보이는 여자 친구의 사랑이었다.

그러나 어느 날 그녀 역시 그를 떠나버렸다. 그는 삶이 끝났다고 생각하며 자살을 결심했다. 하지만 다행히 실행에 옮기기 전에 정신 병원을 찾아 도움을 청할 수 있었다.

그 병원에서 그의 인생은 완전히 달라졌다. 병이 '치료' 되어서라기보다는 한순간의 잘못된 선택으로 얼마나 끔찍한 사태가 벌어질 수 있었는지를 깨달았기 때문이다! 그에게는 특별한 문제가 없었다. 그리고 그날 그는 다시는 절대로 그렇게 나락으로 떨어지지 않으리라 다짐했다. 자신의 최선을 다했고 시간이 걸리는 만큼 끝까지 노력하리라 마음먹었다. 마침내 자신이 꿈꾸던 유명한 음악가가 될 때까지 말이다. 어떤 실연이나 좌절도 목숨을 버릴 만큼의 가치는 없다. 인생은 언제나 살 만한 가치가 있는 것이다. 찾아보면 감사해야 할 무언가는 늘 존재한다.

그는 포기하지 않고 끝까지 노력했다. 처음부터 보상이 따라오지는 않았지만, 결국 그는 해내고야 말았다. 오늘날 그의 음악은 전 세계적으로 유명하다. 그의 이름은 다름 아닌 빌리 조엘Billy Joel이다.

"신은 일을 미루기는 해도 거절하는 법은 없다"는 사실을 명심해야 한다. 실패란 없으며, 어떤 일을 시도해서 성공하지 못한다 하더라도 그 경험 덕분에 다음 기회에 더 좋은 결과를 얻을 수 있는 무언가를 배우게 되어 더 크게 성공할 수 있다.

실제로 오랫동안 내게 힘이 되어준 격언이 있다.

성공은 훌륭한 판단의 결과이며
훌륭한 판단은 경험의 결과이다.
그리고 경험은 종종 나쁜 판단의 결과이다.

그러니 끈기 있게 계속하라! 더 잘하려고 노력하다 보면 '실수'를 통해 배우게 되고, 그러면 성공하게 될 것이다. 그렇다면 이제 우리를 행동에 나서게 하는 것은 무엇인지 알아보자.

그 무엇도 당신의
결단을 막을 수 없다

결단의 놀라운 힘

나는 이 책에서 우리에게는 인생의 어느 부분이든 바꿀 수 있는 힘이 존재한다고 줄곧 주장하고 있다. 그렇다면 그 힘은 도대체 어디에 있는 것일까? 우리는 그 힘을 어떻게 활용할 수 있을까? 우리는 새로운 결과를 얻기 위해서는 새로운 행동을 해야 한다는 사실을 익히 잘 알고 있다. 그러나 모든 행동은 결단에서 기인한다는 사실을 깨달을 필요가 있다. 결단력은 곧 '변화할 수 있는 능력'이다. 우리는 삶에서 일어나는 일들을 모두 통제할 수가 없다. 하지만 무엇을 생각하고 믿고 느끼고 일어나는 일들을 어떻게 해결할지는 통제할 수 있다. 스스로 인정하든 인정하지 않든 우리는 새로운 선택과 새로운 행동을 하고, 새로운 결과를 얻기 위해 살아 있는 매 순간 결단을 내려야 한다는 사실을 기억해야 한다. 하지만 대다수의 사람들은 우리에게 선택할 수 있는 능력이 있다는 사실을 잊어버린다. 결국 우리의 운명을 결정짓는 것은 삶의 조건이 아니라 우리가 내리는 결단이다. 당신이 오늘 살아가고 있는 모습은 당신이 누구와 함께 시간을 보내고, 무엇을 배우거나 혹은 배우지 않을지, 무엇을 믿을 것인지에 대한 결정, 그리고 무언가를 포기할 것인지 계속할 것인지, 결혼을 할 것인지 아이를 가질 것인지, 무엇을 먹을 것인지, 담배를 피울 것인지 술을 마실 것인지, 어떤 사람이 되고 어떤 능력을 갖출 것인지에 대한 결정이 빚어낸 결과이다. 이 모든 결정이 말 그대로 당신의 삶을 통제하고 지휘해 왔다. 진정으로 삶을 변화시키기를 원한다면 무엇을 옹호하고 무슨 일을 할 것인지, 그리고 무엇에 전념할 것인지에 대한 새로운 결단을 내려야만 한다.

여기서 '결단'이라는 단어는 실질적이고 의식적인 선택을 의미한다. 대부분의 사람들은 "체중을 감량하기로 했어요."와 같이 말한다. 하지만 이런 식의 표현은 너무 일반적이며 구체적이지 못하다. 그들은 그저 선호하는 방향을 말하고 있는 것일 뿐이다. 다시 말해서, 그들은 "저는 더 날씬해지고 싶어요."라고 말하고 있는 셈이다. 진정한 결단이란 당신이 전념하고자 하는 것 외의 다른 가능성은 모두 차단하고 뒤도 돌아보지 않으며, 그것을 포기할 수 있는 대안은 고려해 보지도 않을 때 내려지는 것이다.

진정한 결단의 위력을 잘 알고 있었던 한 남자의 사례를 들어보자. 그는 한 번 결단을 내리면 포기할 줄 모르는 사람이었다. 이 사람은 바로 혼다 자동차와 오토바이 제조 기업인 혼다 코퍼레이션 Honda Corporation의 창업주인 혼다 소이치로이다. 그는 어떤 비극이나 문제, 어려움, 환경의 급박한 변화도 자신의 앞길에 장애가 되는 것을 용납하지 않았다. 실제로 그는 큰 어려움에 부닥쳐도 그것을 장애물 달리기 경주에서 뛰어넘어야 할 장애물(허들)에 불과한 것으로 여기기로 마음먹었다.

1938년 혼다 소이치로는 피스톤링을 설계해서 도요타 자동차에 팔겠다는 꿈을 가진 가난한 학생이었다. 그는 매일 낮에는 학교에 다니고 밤에는 날이 새도록 피스톤링 설계에 몰두했다. 그는 수중에 가지고 있던 얼마 되지 않는 돈을 이 프로젝트에 쏟아부었지만 프로젝트는 여전히 완성되지 못했다. 그는 이 일을 완성하기 위해 나중에는 아내의 보석까지 전당포에 맡기는 상황에 이르렀다.

수년 동안 각고의 노력 끝에 마침내 피스톤링 설계를 완성했고, 그는 도요타 자동차가 그것을 살 것이라고 확신하고 있었다. 그러나 시제품을 도요타 자동차에 보여주자 예상과 달리 그들은 피스톤링 구매를 거절했다. 학교로 돌아간 그는 허접한 기계장치를 설계했다고 비난하는 교수와 친구들의 조롱을 감내해야 했다.

그런 말을 듣고 그는 좌절했을까? 물론 좌절했다. 그는 빈털터리가 되었을까? 그렇다. 그래서 포기했을까? 당연히 아니다.

오히려 2년의 시간을 더 들여 피스톤링을 개선할 방법을 강구했다. 그는 성공에 이르는 핵심 공식을 알고 있었다.

1. 자신이 무엇을 원하는지를 결정하고,
2. 행동에 나섰다.
3. 성공할 수 있을지, 그것에 대한 반응을 살펴보았다. 그리고 성공적인 반응을 얻지 못하자,
4. 계속해서 접근 방식을 수정했다. 자신의 방식에 대해 유연한 태도를 유지했다.

또다시 2년여의 시간이 흘렀다. 마침내 피스톤링 설계가 완성되었고, 도요타가 그것을 사들였다!

이번에는 피스톤링 공장을 짓기 위해 콘크리트가 필요했다. 그러나 당시 일본 정부가 2차 세계대전 준비에 한창이었던 탓에 콘크리트를 구할 수가 없었다. 또다시 그의 꿈이 무산되는 것처럼 보였다. 아무도 그를 도와주는 사람은 없었다. 이번에도 그는 포기했을까? 물론 아니다.

그는 공장을 짓기로 결심했다. 포기란 그의 사전에 없었으므로 그는 친구들을 끌어모아 밤낮으로 머리를 짜내어 콘크리트를 제조하는 새로운 방법을 찾아냈다. 그리하여 공장을 짓고 마침내 자신이 개발한 피스톤링을 생산해냈다.

"하지만 잠깐, 여기서 끝이 아니다….."

그의 이야기는 여기서 끝이 아니다. 2차 세계대전 중 미군의 공습으로 그의 공장은 대부분의 시설물이 파괴되었다. 이런 상황에서도 혼다는 좌절하지 않고 직원들을 결집시켰다. 그는 직원들에게 "서두릅시다! 밖으로 달려나가서 전투기들을 관찰하세요. 미군들이 비행 중 연료 탱크를 떨어뜨릴 겁니다. 어디에 연료 탱크를 떨어뜨리는지 보고 있다가 그 통을 찾아서 가지고 와야 해요. 거기에 우리 제조 공정에 필요한 물질이 포함되어 있습니다!" 그것은 일본에서는 어디에서도 구할 수 없었던 물질이었다. 혼다 소이치로는 삶이 그에게 무엇을 안겨주던 그것을 이용하는 방법을 찾아냈다. 결국 마지막에는 지진이 그의 공장을 무너뜨렸고 어쩔 수 없이 피스톤링 공장을 도요타 자동차에 매각하게 되었다. 신은 하나의 문이 닫혔을 때 새로운 또 하나의 문을 열어준다. 그러므로 삶이 우리에게 제공하는 새로운 기회를 놓치지 않도록 항상 주의를 기울일 필요가 있다.

전쟁이 끝났을 때 일본은 완전히 혼란 상태였다. 전국적으로 자원이 아주 부족했다. 휘발유는 제한적으로 공급되었고 어떤 경우에는 구하기가 거의 불가능했다. 혼다는 가족이 먹을 음식을 사기 위해 시장에 갈 휘발유조차 충분한 양을 구하기가 어려웠다. 그래도 그는 굴욕감이나 무력함을 느끼기보다는 새로운 결단을 내렸다. 이러한 생활 수준에 안주하지 않기로 결심한 것이다. 그는 인생을 바꿀 만큼 강력한 질문을 자신에게 던졌다.

"내가 다른 어떤 일을 해서 가족을 먹여 살릴 수 있을까? 이미 가지고 있는 것을 활용해서 먹고살 방도는 없을까?"

그러던 중 가지고 있던 작은 모터가 눈에 들어왔다. 일반적인 잔디 깎는 기계를 구동시킬 만한 크기와 종류였다. 그는 그것을 자전거에 연결해서 사용해 보면 어떨까 하는 아이디어가 떠올랐다. 이것이 바로 최초의 전동 자전거가 탄생한 순간이었다. 그는 이 전동 자전거를 타고 시장을 오갔고, 이를 본 그의 지인들도 그에게 전동 자전거를 만들어 달라고 부탁했다. 얼마 지나지 않아 그는 매우 여러 대의 '전동 자전거'를 제작하게 되었고 가지고 있던 모터도 모두 바닥이 났다. 그래서 그는 전동 자전거를 제조하기 위해 새 공장을 짓기로 결심했다. 하지만 그에게는 돈이 없었고 일본은 전쟁으로 초토화되어 있었다. 그래서 그는 어떻게 했을까?

"당신이 결단하는 그 순간
바로 운명이 결정된다."

– 토니 로빈스

"다른 방도가 없어."라고 말하며 포기하는 대신 그는 기막히게 놀라운 아이디어를 냈다. 일본 전역의 모든 자전거 가게 주인들에게 편지를 보내보기로 한 것이다. 편지에 일본을 다시 움직이게 만들 해결책을 가지고 있으며 그가 만든 전동 자전거는 가격이 싸고 사람들이 가고 싶어 하는 곳이라면 어디든 데려다줄 수 있다고 썼다. 그리고 그들에게 투자를 요청했다.

편지를 받은 1만 8,000개의 자전거 가게 중 3,000개 자전거 가게 주인이 혼다에게 투자 의향을 전해 왔고, 드디어 전동 자전거 제조를 시작할 수 있게 되었다. 그리고 바로 성공으로 이어졌을까? 천만의 말씀!

전동 자전거는 너무 크고 무거워서 구입하는 일본인이 매우 적었다. 그래서 또다시 문제가 무엇인지 알아차린 그는 포기하는 대신 접근 방식을 수정했다. 그는 전동 자전거를 분해해서 훨씬 더 가볍고 작게 만들어보기로 했다. '더 커브The Cub'라는 이름을 붙인 이 전동 자전거는 하룻밤 사이에 '대박'이 났고 혼다는 천황상을 수상하게 되었다. 사람들은 혼다가 아주 운이 좋아서 이런 아이디어를 내게 된 것이라고 여겼다.

그가 운이 좋아서 그렇게 된 것이었을까? L.U.C.K.(luck 영어로 '행운')라는 단어가 '올바른 지식을 기반으로 한 노력Labor Under Correct Knowledge'을 의미한다면 맞는 말일지도 모르겠다. 오늘날 혼다의 회사는 세계에서 가장 성공적인 기업 중 하나이다. 혼다 코퍼레이션은 현재 10만 명이 넘는 직원을 보유하고 있고 미국에서 도요타 자동차를 제외한 모든 자동차 브랜드를 앞서가고 있다. 이 결과는 순전히 혼다가 절대로 포기하지 않았기 때문에 가능한 것이었다. 그는 문제나 주변 상황이 그의 앞길을 막도록 용납한 적이 없었다. 어떤 일에 진심으로 전념한다면 성공할 수 있는 길은 항상 있다고 믿었다!

결단, 결단!

세상에 유리한 조건을 타고난 사람들이 존재하는 것은 사실이다. 그들은 부유한 부모 밑에서 태어나 특권을 누리는 환경에서 자란다. 건강하고 튼튼한 신체를 가지고 태어나는 복을 받았고 모든 면에서 상상할 수 있는 최고의 보살핌을 받으며 무엇 하나 부족한 것 없이 자란다. 그럼에도 불구하고 이런 사람들 중 많은 이들이 결국은 비만이나 우울증, 약물 중독에 빠지고 마는 것 또한 사실이다.

마찬가지로 우리는 삶을 살아가면서 새로운 결정들을 내리고 환경의 제약을 뛰어넘어 크게 성공한 사람들의 이야기나 책을 끊임없이 접하고 실제로 그런 인물들을 만나기도 한다. 그들은 인간의 무한한 정신력을 보여주는 본보기라 할 수 있다.

이 놀라운 인물들은 어떻게 그렇게 한 것일까? 그들은 모두 인생의 어느 시점에 더 이상 현재 상황을 참지 않기로 결심한 것이다. 더 이상 최고가 아니면 다른 어떤 것도 용납하지 않겠다고 결심했다. 그들은 진정으로 삶을 바꾸겠다는 결단을 내렸다.

'결단'이란 무엇일까? 많은 사람들은 "난 정말 살을 빼야겠어. 돈을 더 많이 벌어야겠어. 더 좋은 직장을 구하기 위해 뭐라도 해야겠어. 술을 끊어야겠어."와 같은 말들을 한다. 그러나 매사에 '해야겠어'라는 말을 연발할 뿐 상황은 여전히 바뀔 기미가 보이지 않는다!

삶을 바꿀 수 있는 유일한 방법은 진정한 결단을 내리는 것이다. 진정한 결단이란 당신이 현실로 만들기로 결심한 것

외의 다른 가능성은 모두 제거하는 것을 의미한다.

결단을 내리는 것이 그렇게 간단하고 강력한 것이라면 왜 더 많은 사람들이 더 자주 결단을 내리지 못하는 것일까? 왜냐하면 진정한 결단이 무엇인지 모르기 때문이다. 사람들은 마치 결단을 "담배를 끊고 싶어." 혹은 "술을 끊으면 좋겠어."와 같은 희망 목록처럼 생각한다. 대다수의 사람들은 너무 오랫동안 결단을 내려본 적이 없어서 결단을 내릴 때 어떤 기분이 드는지를 잊어버렸다!

진정한 결단이란 모래 위에 선을 긋는 것이 아니라 젖은 시멘트 바닥에 선을 긋는 것과 같다. 당신은 자신이 원하는 것이 무엇인지 분명히 알고 있다. 이렇게 원하는 것을 분명히 알고 있을 때 자신이 도전하기로 마음먹은 결과를 얻기 위해 더 열심히 노력할 힘을 얻게 되는 것이다. 역경을 극복하고 인생을 성공으로 이끄는 사람들은 매일 다음 세 가지의 강력한 결정을 내린다.

1. 무엇에 집중할 것인가
2. 이것이 어떤 의미를 가지는가

3. 무엇을 할 것인가

내가 가장 많이 소개하는 또 하나의 사례로 에드 로버츠[Ed Roberts]의 이야기가 있다. 그는 휠체어에 의지해 살아가는 '평범한' 사람이었지만 육체적 한계를 뛰어넘겠다는 결심을 함으로써 비범한 인물이 되었다. 열네 살 때부터 목 아래가 마비되어 날마다 호흡 장치를 사용해야 했지만 악전고투를 벌이며 가능한 일반인처럼 생활하는 법을 터득했고 밤이면 철제 호흡 보조기의 도움을 받았다. 수차례 죽을 고비를 넘기며 자신의 고통에 집중할 만도 했지만 그는 다른 사람들을 위해 변화를 만드는 삶을 선택했다.

그는 어떤 일을 해냈을까? 지난 15년간 그는 장애인들의 삶의 질을 향상시키기 위해서, 거들먹거리는 세상에 맞서 투쟁하기로 결심하고 성취를 이뤄냈다. 에드 로버츠는 대중의 인식 교육뿐만 아니라 휠체어 경사로에서부터 장애인 주차 공간과 화장실 안전 손잡이 설치에 이르기까지 다양한 대안들을 처음으로 제안했다. 그는 사지 마비 장애인 최초로 캘리포니아대학교 버클리를 졸업하고 후에 캘리포니아 주정부 재활과의 책임자가 되어 또다시 장애인들을 위한 선구적인 활동을 펼쳐나갔다.

에드 로버츠는 분명 자신과 비슷한 처지에 있는 대다수 사람들이 선택하지 않았을 길을 선택했다. 그는 어떻게 세상을 변화시킬 것인가에 집중했다. 신체적 장애는 그에게 '커다란 도전'이었다. 그러나 그는 자신과 비슷한 상황에 놓여 있는 다른 이들의 삶을 더 편안하게 만들 수 있는 일을 하기로 결심했다. 그는 신체 장애가 있는 모든 이들의 삶의 질을 향상시킬 수 있는 환경을 만드는 데 자신의 모든 노력을 바쳤다.

에드 로버츠는 어떤 상태에서 행동을 시작하는지보다 어떤 목표점을 향해 나아갈지 결단하는 것이 훨씬 더 중요하다는 사실을 보여주는 살아 있는 증거다. 그의 모든 행동은 유일하고 강력하고 열성적인 결단의 순간에 계획된 것이었다. 그렇다면 당신은 진정한 결단으로 삶을 어떻게 바꾸어 나가기를 원하는가?

이제 결단을 내려라!

인류의 모든 발전은 새로운 결단에서 시작된다. 그렇다면 당신의 경우, 삶을 더 향상시키기 위해 스스로 해야 한다고 생각하면서도 지금까지 미뤄왔던 일들로 무엇이 있는지 한번 생각해 보자. 이를테면 흡연이나 음주를 조깅이나 독서로 대체하겠다거나, 매일 아침을 좀 더 일찍 일어나 더 성실한 자세로 시작하자고 결단할 수도 있을 것이다. 아니면 더 이상 다른 사람들을 탓하기보다는 더 나은 삶을 위해 매일 어떤 새로운 행동을 해보면 좋을지

고민해 보겠다고 결단할 수도 있고, 또는 다른 이들보다 더 가치를 높일 수 있는 방법을 강구해 새로운 직장을 구하겠다고 결단할 수도 있다. 또는 새로운 기술을 배우고 연마해 더 높은 수입을 올리고 가족과 친구들에게 더 많이 베풀겠다고 결단할 수도 있다.

지금 당장 어떤 대가를 치르고서라도 당신이 지키고자 하는 두 가지 결단을 내려보자. 먼저, 쉬운 결심을 한 가지 해보라. 자신에게, 혹은 다른 이들에게 쉽게 지킬 수 있는 약속을 해보라. 이는 결정을 내리고 그 결정에 따라 행동함으로써 그것보다 더 큰 결정도 내릴 수 있다는 것을 스스로에게 증명해 보여주는 과정이다. 이를 통해 당신은 튼튼한 '결정 근육'을 키울 수 있다!

이번에는 더 많은 노력이 요구되는 두 번째 결정을 내려본다. 당신에게 힘이 되는 결심을 해보라. 당신이 한두 가지 결심을 가족과 친구들에게 말하고 그것을 확고히 지켜나가며 스스로 자긍심을 느끼는 경험을 해보자!

✳

내가 반드시 지켜야 할
두 가지 중요한 결심

1. ....
....
....
....

2. ....
....
....
....

여러분이 결단을 실현시킬 수 있는지의 여부는
다음 장에서 살펴볼 능력에 의해 좌우될 것이다.

확고한 신념이
변화를 이끈다

신념은 확신이다

당신이 내리는 모든 결정을 통제하는 한 가지 힘이 있다. 이 힘은 살아있는 매 순간 당신의 생각과 감정에 영향을 미친다. 그리고 당신이 무슨 일을 할 것이고 무슨 일을 하지 않을 것인지를 결정한다. 삶에서 일어나는 모든 일에 대해 어떤 감정을 느낄지도 결정한다. 그 힘은 바로 당신의 '신념'이다.

무언가를 믿을 때 당신은 특정한 방식으로 반응하도록 뇌에 절대적인 명령을 내린다. 예컨대 "소금 좀 가져다

줄래요?"와 같은 요청을 받고 '소금이 어디에 있지?' 하며 부엌으로 들어가 찾았던 적이 있는가? 찬장을 모두 둘러보고는 마침내 "소금을 못 찾겠어요."라고 말했을 때, 소금을 가져다 달라고 요청했던 사람이 부엌으로 들어와 당신 옆에서 바로 앞을 가리키며 "여기 있잖아요."라고 말한다. 소금이 바로 코앞에 있지 않은가! 소금통이 항상 거기에 있었을까? 분명 그랬을 것이다. 그런데 어떻게 당신은 그걸 보지 못한 것일까? 그건 바로 소금이 거기에 있을 거라고 믿고 있지 않았기 때문이다.

우리가 어떤 신념을 갖는 순간 이 신념은 우리가 보고 느낄 수 있는 것을 통제하기 시작한다. 실제로 신념은 사람의 눈동자 색깔도 바꿀 수 있다는 사실을 알고 있는가? 그럴 수 있다고 한다. 《사랑, 의술, 그리고 기적*Love, Medicine, and Miracles*》의 저자이자 몸과 마음의 연관성에 대한 책을 여러 권 집필한 버니 시겔*Bernie Siegel* 박사의 말에 따르면, 과학자들은 다중적인 인격을 지닌 사람들에게서 흥미로운 사실을 발견했다. 일부 다중 인격의 개인들이 스스로 다른 인물이 되었다고 믿을 때 그들의 뇌가 실제로 생화

학적 변화를 일으킨다는 것이다. 놀랍게도 눈동자 색깔 또한 인격이 바뀔 때 같이 변화했다!

신념은 심장 박동에까지 영향을 미칠 수 있다. 아이티에서는 부두교를 충실히 믿는 사람들은 누군가가 그들에게 '주술'을 걸면 죽는다고 한다. 주술 때문이 아니라 그들이 자신의 심장에 박동을 멈추라고 절대적인 명령을 내리기 때문이다.

당신의 신념이 당신의 삶과 주변 사람들의 삶에 영향을 미칠 수 있다고 생각하는가? 당연히 영향을 미칠 수 있다! 신념은 매우 강력하다. 그래서 무엇을 믿을 것인지 매우 신중하게 선택해야 한다. 특히 당신 자신에 관한 문제에 있어서는 더욱 그렇다. 나의 경우 수년 동안 나에게 정말 도움이 된 특정한 신념들이 있다.

- 내가 최선을 다한다면 상황을 전환할 방법은 언제나 존재한다.
- 실패에서 뭔가를 배워서 성공하는 한 인생에서 실패란 없다.

- 신은 미루기는 해도 거절하지는 않는다.
- 미래는 과거의 동일한 반복이 아니다.
- 언제라도 나는 새로운 결정을 내려 나의 인생 전체를 바꿀 수 있다.

이 신념들은 나의 생각과 행동의 방향을 결정지었다. 내가 엄청난 장애물에 맞서 변화를 일으키고 마침내 평생 꿈꾸었던 성공을 이룰 수 있도록 도와준 신념들이다.

"보지 못하는 것을 믿는 것이 신념이다.
신념은 결국 당신이 믿는 바를 보게 한다."

– 아우구스티누스

도대체 신념이란 무엇인가? 우리는 종종 신념이 진짜 무엇인지 이해하지도 못한 채 그것에 관해 이야기한다. 대부분의 사람들은 신념이 진짜 존재하는 것인 양 여기지만 신념은 사실 어떤 것이 무엇을 의미하는지에 대한 '확신'에 불과하다. 만일 당신이 스스로 똑똑하다고 믿는다고 말한다면 그것은 "저는 제가 똑똑하다고 확신하고 있어요."라고 말하고 있는 셈이다. 그 확신이 당신이 원하는 결과를 가져오기 위해 똑똑하게 행동하는 데 도움이 되는 자원을 이용하게 만드는 것이다. 우리 모두는 거의 모든 것에 대한 해답을 알고 있다. 아니면 최소한 다른 사람들을 통해서라도 우리가 필요로 하는 해답에 접근할 수 있다. 그러나 우리는 신념의 부족(확신의 부족)으로 말미암아 우리 안에 잠자고 있는 능력을 발휘할 수 없는 경우가 많다.

신념을 '생각'이라는 블록을 쌓는 것이라 가정해 보면 이해하기가 쉬울 것이다. 당신에게는 어떠하다고 생각은 하지만 정말 믿지는 않는 생각들이 많이 있다. 이를테면 당신이 다정한 사람이라는 생각을 예로 들어보자. 잠시 생각을 멈추고 스스로에게 '나는 다정해.'라고 말해 보자.

'나는 다정해.'라는 것이 생각인지 신념인지의 여부는 이 문장을 말할 때 당신이 느끼는 확신의 정도로 판명될 것이다. '나는 그렇게 다정하지는 않아.'라고 생각한다면 당신은 "나는 내가 다정하다고 아주 확신하지는 않아."라고 실제로 말하고 있는 것이다.

그렇다면 어떻게 생각을 신념으로 바꿀 수 있을까? 비유를 통해 그 과정을 설명해 보면 다음과 같다. 만약 '생각'을 다리가 하나나 두 개밖에 없는 탁자라고 가정해 본다면 생각이 신념만큼 확고하게 느껴지지 않는 이유를 분명히 알 수 있다. 탁자는 다리가 없다면 홀로 서 있지도 못한다. 반면 '신념'은 견고한 다리 네 개를 모두 가지고 있는 탁자다. 정말 '나는 다정하다.'라고 믿고 있다면 당신은 자신이 다정하다는 것을 어떻게 알 수 있단 말인가? 그 생각에 근거가 될 만한 자료를 가지고 있는가? 즉, 그 믿음을 뒷받침해 줄 경험들이 있는가? 그것이 바로 탁자를 견고하게 받쳐주는, 당신의 신념에 확신을 주는 '다리들'인 것이다.

당신이 다정하다는 걸 확신시켜 주는 경험들로는 무엇이 있는가? 어쩌면 누군가가 당신에게 매우 다정한 사람이라고 말해 준 적이 있었는지도 모른다. 혹은 당신이 날마다 다른 누군가가 더 편안하고 더 행복하고 더 희망차게 느끼도록 만드는 일들을 하고 있는지도 모른다. 아니면 당신은 사람들을 상대하는 것을 좋아하는 사람일 수도 있다. 그래서 다정하다는 것이 단순히 당신이 타인에 대한 사랑으로 가득 차 있음을 의미할 수도 있다. 하지만 이걸 아는가? 이 모든 경험은 당신이 다정하다는 생각을 뒷받침하기 위해 사용할 때까지 아무런 의미가 없다. 그것들이 생각을 뒷받침하는 탁자의 다리가 되면 비로소 당신은 그 생각을 확고히 해(확신하고) 그것을 믿기 시작한다. 생각이 확고해지고 그것이 믿음이 되는 것이다.

신념이 탁자와 같다는 비유를 이해하면, 신념이 형성되는 과정뿐 아니라 신념을 변화시키는 방법에 대해서도 보이기 시작할 것이다. 첫째로 신념을 뒷받침해 줄 다리만 충분하다면 우리는 '어떤 것'에 대한 신념이든 구축할 수 있다는 사실을 인식하는 것이 중요하다.

자신이 험한 삶을 살았거나 그렇게 살아온 사람들을 많이 안다면, 사람은 원래 악한 존재이며 남을 이용할 기회만 호시탐탐 엿보고 있다는 신념을 쉽게 키울 수 있다.
아마도 당신은 믿고 싶지 않을 것이다. 그리고 이런 종류
의 신념을 가지는 건 득이 될 것이 없다는 사실 역시 분
명히 알고 있다. 하지만 이 생각을 뒷받침해 주고 원한다
면 그에 대해 확신을 갖게 해주는 경험들을 한 적이 있지
않은가?

하지만 사람은 기본적으로 선하며 진정으로 관심을 기
울이고 친절히 대하면 그들 또한 당신을 도와주고 싶어
할 것이라는 생각을 뒷받침해 줄 경험(증거) 또한 갖고
있지 않은가?

스스로에게 던져야 할 가장 중요한 질문은 "과연 이들
중 어느 것이 진실인가?"이다. 어떤 신념을 취하든 그것은 당신의
선택이다. 여기서 핵심은 어떤 신념이 당신에게 힘이 되어
주고 어떤 신념이 당신을 무력하게 하는지 결정하는 것
이다.

신념은 힘의 거대한 원천이다. 당신은 자신에 대해 무엇을
믿을 것인지 선택할 수 있고 이 신념이 당신이 하는 행동을 결정짓
는다. 중요한 것은 당신을 지지해 주고 당신에게 희망과

에너지를 주는 신념을 선택하는 것이다.

지금 당장 당신에게 필요한 세 가지 신념은 무엇인가? 취업 면접을 잘 볼 자신이 있다는 믿음이 필요한가? 바람직하지 못한 인간관계에서 벗어날 힘이 있다는 믿음, 혹은 좋은 인간관계를 만들 수 있는 따뜻한 마음이 있다는 믿음이 필요한가?

사람들은 가끔 내게 이렇게 말한다. "그래요, 토니, 나도 한때는 무언가를 믿어보았지요. 하지만 효과가 없었어요." 그들은 어떻게 그것이 효과가 없다고 확신할 수 있는가? 어쩌면 시간이 더 필요한 일이었는지도 모르는데 말이다.

어쩌면 그들은 인도에서 아주 오래전부터 전해 내려오는 다음의 이야기에서 교훈을 얻을 수 있을 것이다. 한 농부에 관한 이야기이다. 그에게는 밭을 갈 말이 한 필밖에 없었는데 그 말이 도망을 가고 말았다. 이 소식을 전해 들은 동네 사람들은 "이 일을 어째, 정말 안됐군!"이라고 말하며 위로했지만, 농부는 "혹시 이 일이 또 복이 될지 어떻게 알겠소?"라고 말했다.

다음날 그가 도망간 말과 함께 다른 말까지 얻어 두 마리의 말을 데리고 돌아오는 모습을 본 동네 사람들은 "참 잘됐어!"라며 기뻐해 주었다. 이에 농부는 "혹시 이 일이 화가 될지 어찌 압니까?"라고 말했다.

그리고 얼마 되지 않아 농부의 아들이 그 두 마리의 말을 훈련시키다가 다리가 부러지는 사고가 발생하고 말았다. 동네 사람들은 "어이구, 큰일 났군! 이를 어떡합니까?"라며 그를 걱정했다.

하지만 이번에도 농부는 "어쩌면 이것이 복이 될지도 모를 일이지 않소?"라고 말했다.

다음날 군대에서 나와 동네에 사는 모든 남자들을 전쟁에 참전시키기 위해 징병해 갔다. 하지만 다리를 다친 농부의 아들은 끌고 가지 못했다. 그러자 이번에는 동네 사람들이 "자네는 정말 운이 좋다니까!"라고 말했다.

이에 대한 그의 대답은 무엇이었을까? 그렇다. "혹시 이 일이 또 화가 될지 어떻게 알겠소?"였다.

그리고 이야기는 우리네 인생처럼 그렇게 반복해서 이

어진다. 무언가를 믿는다면 그리고 그것이 아직 이루어지지 않았다면 어쩌면 당신은 너무 섣불리 판단하고 있는지도 모른다. 자신은 어려운 상황에 처해 있다고 느끼지만 어쩌면 그 상황이 나쁜 것만이 아닐 수도 있다. 혹은 그저 일시적인 상태일 수도 있다.

이런 판단을 지혜롭게 내리기 위해서는 많은 경우 당신이 목표로 하는 것을 시각화할 수 있어야 한다는 사실을 기억해야 한다. 그 이유는 다음 장에서 알아보자.

✳

나의 신념은 다음과 같다:

아래 빈칸에 당신에게 지금 즉시 필요한 신념을
한 가지 이상 적어보자.

....

....

....

....

....

....

....

....

자신이
바라보는 대로 얻는다

어디에 초점을
맞추고 있는가

대다수 사람들이 자신이 느끼는 감정을 바꾸고 싶어 하지만 어떻게 해야 하는지 그 방법은 모르고 있다. 무언가에 대한 감정을 바꿀 수 있는 가장 빠른 방법은 당신이 집중하고 있는 관심의 초점을 바꾸는 것이다. 지금 당장 불쾌한 감정을 느끼고 싶다면 그건 아주 간단하지 않은가? 그저 당신의 삶에서 일어난 고통스러운 일을 떠올리고 그것에 모든 관심을 집중시키기만 하면 된다. 그 생각을 한참 하다 보면 다시 불쾌감을 느끼게 될 것이다.

이건 말도 안 되는 일이지 않은가! 당신이라면 불쾌한 영화를 여러 번 반복해서 보겠는가? 물론 아닐 것이다! 그렇다면 당신은 왜 마음속에서 불쾌한 영화를 계속해서 보고 있는단 말인가? 이와 같은 실험은 사람이 얼마나 쉽게 불쾌한 감정 속으로 빠져드는지를 보여준다. 그리고 어디에 집중할지 통제하는 것이 얼마나 중요한지도 보여준다. 아무리 힘든 상황이라 할지라도 당신이 할 수 있는 일, 통제할 수 있는 일에 집중해야 한다.

지금 당장 기분을 좋게 만들고 싶다면 그것 또한 쉬운 일이 아니겠는가? 당신을 행복하게 해주었던 일이나 당신 자신, 또는 가족이나 친구들과 관련해 기분이 좋았던 일에 집중할 수 있을 것이다. 오늘 감사한 일에 집중할 수도 있을 것이다. 혹은 당신이 꿈꾸고 있는 미래의 모습에 집중해서 미리 들떠서 흥분할 수도 있을 것이다! 이렇게 함으로써 실제로 이 일들을 일어나게 만들 에너지를 얻게 된다.

간단한 사례를 들어보겠다. 파티에 갔다고 가정해 보자. 당신에게는 비디오 카메라가 있다. 당신은 밤새도록 카메라의 초점을 파티장의 왼편 구석에서 한 커플이 말다툼하는 모습에 맞추고 있다. 그 장면에 초점을 맞추고 있으면 당신 또한 그들이 화내고 기분 나빠 하는 감정에 휩말리게 될 것이다. 그들의 싸움에 집중하고 있으므로 아마 당신은 "이런 꼴불견 커플을 봤나. 완전히 파티가 엉망진창이군."이라고 생각할 것이다.

반면 같은 날 밤 파티장에서 오른편 구석에 카메라의 초점을 맞추고 있다면 어떨까? 오른편 구석에는 웃고 농담하며 떠드는 한 무리의 사람들이 있다. 싸우기는커녕 아주 즐거운 시간을 보내고 있는 것이 아닌가! 이 경우 누군가가 당신에게 "파티는 어땠나요?"라고 물어본다면 당신은 "아주 재미있었어요!"라고 대답할 것이다.

여기서 우리가 얻어야 할 교훈은 바로 이것이다. "사람들이 관심을 기울일 수 있는 부분은 무한히 많다. 하지만 너무 많은 사람들이 우리가 통제할 수 없는 나쁜 부분에만 초점을 맞춘다."는 것이다.

가고자 하는 곳에
초점을 두라

어디에 초점을 두고 바라보는가가 왜 그리도 중요한지 알겠는가? 당신이 세상을 바라보는 시각과 무슨 일을 할 것인지를 통제하기 때문이다. 어디에 초점을 두고 있는지가 당신의 기분까지도 좌우할 것이라 생각하는가? 물론이다.

당신이 어디에 초점을 두는지는 문자 그대로 당신의 삶을 구제할 수 있다. 내가 가장 즐기는 활동 중 하나가 자동차 경주다. 나는 자동차 경주 학교에서 배운 가장 중요한 가르침을 절대로 잊을 수가 없다. 강사는 다음과 같이 말했다. "미끄러지는 상황에서 빠져나오는 법을 터득하는 것이 무엇보다도 중요하다는 걸 명심하세요." (이는 우리 삶에도 적용 가능한 좋은 비유가 될 수 있지 않을까? 우리는 가끔 스스로 통제할 수 없다고 느끼면서 미끄러지기도 한다.) 그는 다음과 같은 가르침을 주었다. "핵심은 매우 간단해요. 미끄러지려고 할 때 사람들은 대부분 두려운 대상, 즉 (부딪힐 위험이 있는) 벽에 초점을 맞추지요. 하지만 그럴 때는 '가고자 하는 방향'에 초점을 맞추어야 합니다." 스포츠카를 타고 시골길을 운전하다가 갑자기 자동차가 제어되지 않아 사고를 당하는 사람들에 관한 뉴스를 들어본 적이 있을 것이다. 그곳에는 수 킬로미터에 걸쳐 전봇대가 딱 하나밖에 없겠지만 어찌된 일인지 그들은 전봇대를 들이받고야 만다. 그 이유는 차가 통제되지 않는 순간 사람들은 피하고 싶은 대상에 온 신경을 집중하기 때문이다. 그리고 그 결과 그것과 가까워진다. 즉, 현실은 당신이 무엇에 초점을 맞추든 그것을 향해 가까이 다가가게 된다는 것이다.

강사는 내게 다음과 같이 말했다. "지금부터 차가 미끄러지는 상황을 연출해서 대응 연습을 해볼 겁니다. 여기에 있는 컴퓨터로 내가 이 버튼을 누르면 지면에 접촉해 있던 바퀴가 올라가 차가 중심을 잃고 미끄러지게 될 거예요. 미끄러질 때 '벽을 보지 말고 가고 싶은 방향에 집중해야 한다는 걸 명심하세요.'"

"네, 문제없습니다. 그렇게 할게요."라고 나는 대답했다.

첫 번째 주행에서 나는 줄곧 비명을 질러댔고 드디어 강사가 버튼을 눌렀다. 갑자기 자동차가 중심을 잃고 미끄러지기 시작했다. 내 눈이 어디로 향했을 것 같은가? 그렇다! 내 시선은 자동 반사적으로 벽으로 갔다! 나중에는 벽에 부딪힐 것임을 알았기에 겁에 질렸다. 그러나 그 순간 강사가 내 머리를 붙잡고 왼쪽으로 방향을 억지로 틀어 내가 가야 할 방향을 바라보게 했다. 차는 계속해서 미끄러졌고 곧 충돌할 상황이었다. 하지만 나는 강사가 가리키는 방향만을 바라봐야만 했다. 아니나 다를까 그 방향에 집중하다 보니 그 방향에 따라 핸들을 돌릴 수밖에 없었다. 막판에 이르러서야 자동차를 원하는 방향으로 통제할 수 있게 되었다. 그제야 겨우 안도의 한숨을 내쉬었다!

여기서 꼭 알아두어야 할 한 가지 유용한 사실이 있다. 집중하는 대상을 바꿀 때는 즉시 방향을 바꾸기가 어려울 때가 많다. 삶에서도 마찬가지이다. 그렇지 않은가? 보통 집중의 대상을 바꾸면 그것에 적응하기까지 시간이 걸린다. 이것이 문제를 해결하기 위해 시간을 더 오래 지체할 것이 아니라 원하는 것에 더욱 빨리 집중해야 하는 이유이다.

다시 자동차 경주 이야기로 돌아가 보자. 그래서 나는 배운 대로 잘 운전하게 되었을까? 유감스럽게도 그렇지 못했다. 그 다음번에도 내가 벽을 바라보며 운전하자 강사는 목표 지점을 바라볼 것을 큰 소리로 상기시켜 주었다. 그래도 세 번째 도전에서는 나 스스로 머리를 돌렸다. 그렇게 하면 된다는 걸 믿었고 실제로 그랬다. 이제 나는 미끄러질 때 자동차가 향했으면 하는 방향으로 머리를 돌리고 핸들을 조정한다. 그러면 차도 따라온다. 어디에 집중할지를 통제하는 것만으로 항상 성공이 보장될까? 천만의 말씀. 그렇다면 이것이 나의 성공 가능성을 높여줄 수는 있을까? 물론이다!

이것을 당신의 삶에 어떻게 적용하면 좋을까? 당신과 나는 문제가 발생했을 때 반드시 해결책에 집중해야만 한다. 두려워하는 것이 아니라 우리가 가고 싶은 방향에 집중해야 한다는 말이다. 무엇이 되었든 당신이 가장 많이 생각하는 것을 경험하게 될 것이다.

초점 바꾸기, 결단을 내리는 일, 신념 바꾸기. 이 모든 것이 하룻밤에 이루어질 수 있는 것일까? 물론 아니다. 다시 한번 말하지만 이는 근육을 키우는 과정과도 같다. 당신의 근육은 갑자기 뽀빠이같이 불룩 튀어나오지 않는다! 아주 조금씩 서서히 키워지는 것이다. 그러나 확신하건대 초점을 조금이라도 바꾼다면 당신의 현실은 크게 변화할 것이다.

이제 초점을 바꿀 수 있는 가장 강력한 도구 중 하나가 무엇인지 알아보자. 이것은 내가 꿈을 현실로 만들겠다고 결심한 이후로 매일 활용해 온 도구이다.

질문이
곧 답이다

질문이
답을 만든다

관심의 초점을 통제하는 가장 좋은 방법은 질문의 힘을 빌리는 것이다. 적절한 질문을 던지는 것이 실제로 당신을 구제할 수 있다는 사실을 알고 있는가? 다음의 이야기를 살펴보자.

자신에게 던지는 질문 하나가 스타니슬라브스키 레흐 Stanislavsky Lech의 목숨을 구제했다. 어느 날 밤 나치가 그의 집에 급습해 들어와 그와 가족들을 크라쿠프의 죽음의 수용소로 끌고 갔다. 가족들은 그의 눈앞에서 살해당하고 말았다.

그는 슬픔에 잠긴 채 굶주리고 쇠약한 몸을 이끌고 강제 수용소의 다른 포로들과 함께 동틀 무렵부터 해가 질 때까지 노동에 시달렸다. 그런 끔찍한 상황에서 누가 살아남을 수 있었겠는가? 어떻게든 그는 버텨나갔다. 그러던 어느 날 주변의 참상을 바라보며 하루라도 더 그곳에 머물렀다가는 죽을지도 모른다는 결론에 다다랐다. 그래서 탈출을 결심했다. 여기서 중요한 것은 비록 이전에 그 누구도 탈출한 사람이 없었음에도 불구하고 그는 어쨌든 방법이 있을 거라고 믿었다는 점이다.

그의 초점은 어떻게 살아남을 것인가에서 '어떻게 하면 이 끔찍한 곳에서 벗어날 수 있을 것인가?'라는 질문으로 옮겨갔다. 하지만 계속해서 똑같은 답이 돌아왔을 뿐이었다. '바보같은 생각하지 마! 탈출할 방법은 없어. 그런 질문을 던지는 건 영혼을 고문하는 것일 뿐이야.' 그러나 그는 이 답을 받아들일 수 없었다. 거듭 스스로에게 물었다. '탈출할 수 있는 방법이 없을까? 분명 방법이

있을 거야. 어떻게 하면 여기서 벗어날 수 있을까?'

그러던 어느 날 그에 대한 응답이 들려왔다. 레흐가 일하던 곳에서 불과 몇 미터 떨어진 거리에서 시체 썩는 냄새가 진동했다. 유독 가스 중독으로 목숨을 잃은 성인들과 아이들의 발가벗겨진 시체가 트럭 뒷칸에 쌓여 있었기 때문이다. '어떻게 신께서 저런 악행이 일어나도록 그냥 놔두실 수 있지?'라는 물음에 답을 구하기 앞서 그는 스스로에게 다음의 질문을 던졌다. '이걸 이용해 탈출할 방법은 없을까?'

해가 지고 일꾼들이 막사로 돌아가자 그는 아무도 보지 않는 틈을 타서 옷을 모두 벗고 나체 상태로 시체 더미 속에 몸을 던졌다.

역겨운 악취와 무거운 시체들의 압박을 참아내며 죽은 척 숨죽이고 누워 있었다. 드디어 트럭이 시동을 거는 소리가 들렸다. 트럭은 얼마 달리지 않아 한 공터에 도착했고 시체 더미를 그곳에 쏟아놓고 사라졌다. 한동안 숨죽인 채 기다리며 보는 이가 아무도 없는지 확인한 그는 (벌거벗은 채로) 달리기 시작했다. 자유를 향해 무려 40킬로미터를 달리고 또 달렸다.

스타니슬라브스키 레흐와 강제 수용소에서 죽음을 맞이한 사람들의 운명을 가른 것은 무엇이었을까? 분명 몇 가지 요인이 있었겠지만 한 가지 차이점은 그가 스스로에게 다른 질문을 던졌다는 것이다. 그리고 응답을 받게 될 것이라는 기대와 확신을 가지고 그 질문을 계속 반복했다는 것이다.

좋은 질문이 삶을 변화시킨다

우리는 하루 종일 자신에게 갖가지 질문을 던진다. 우리가 던지는 질문은 우리의 초점, 생각, 감정을 좌우한다.

내가 삶을 변화시킨 주요한 방법 중 하나는 올바른 질문을 던지는 것이었다. 나는 "인생이 왜 이렇게 불공평하지?", "왜 내 계획은 좀처럼 성공하지 못하는 걸까?" 같은 질문을 던지는 것을 중단했다. 대신 나에게 유익한 답을 안겨 줄 수 있는 질문을 하기 시작했다.

"구하라 그리하면 너희에게 주실 것이요,

찾으라 그리하면 찾아낼 것이요,

문을 두드리라 그리하면 너희에게 열릴 것이다."

– 마태복음 7장 7절

먼저, 문제 해결을 위해 나는 몇 가지 질문들을 만들었다. 나는 문제가 생길 때마다 이 질문들을 통해 해결책을 찾을 수 있도록 항상 질문을 준비하고 있었다(103쪽 참고).

이 질문들 중 하나라도 답하기 어렵다면 '할 수 있다면'이라는 가정의 표현을 사용해 보라. 예를 들면, "지금 이 순간 내 생애에서 가장 행복하다고 느낄 수 있는 일이 있다면 무엇일까?"와 같이 말이다.

나는 또한 아침에 일어났을 때 스스로에게 하는 질문과 밤에 잠자리에 들기 전에 묻는 질문이 각각 따로 있다(104~105쪽 참고). 그 질문들은 하루 종일 기분 좋게 만

들어주기도 하고 하루를 기분 좋게 마무리하도록 해주기
도 한다.

이 질문들은 내 인생을 구해준 구명조끼와도 같았다.
이 질문들은 초점을 바꾸는 데 도움을 줄 것이며, 나아가
삶을 변화시킬 것이다.

✳

문제 해결을 위한 질문들

1. 이 문제에서 좋은 점은 무엇인가?

2. 여전히 문제가 되는 부분은 무엇인가?

3. 내가 원하는 방향으로 문제를 해결하기 위해서 기꺼이 하고자 하는 일은 무엇인가?

4. 내가 원하는 방향으로 문제를 해결하기 위해서 더 이상 하고 싶지 않은 일은 무엇인가?

5. 어떻게 하면 내가 원하는 방향으로 문제를 해결하는 데 필요한 그 과정을 즐길 수 있을까?

✳

아침을 기분 좋게 열기 위한 질문들

1. 지금 내 삶에서 무엇이 행복한가? 그것의 어떤 점이 나를 행복하게 하는가?

2. 지금 내 삶에서 가슴 설레는 것은 무엇인가? 그것의 어떤 점이 나를 설레게 하는가?

3. 지금 내 삶에서 자랑스러운 것은 무엇인가? 왜 그것이 자랑스러운가?

4. 지금 내 삶에서 감사한 것은 무엇인가? 그것의 어떤 점이 감사한가?

5. 지금 내 삶에서 가장 즐기고 있는 것은 무엇인가? 그것의 어떤 점을 즐기는가?

6. 지금 내 삶에서 전념하고 있는 것은 무엇인가?

✳

그것의 어떤 점이 나를 전념하게 하는가?

7. 나는 누구를 사랑하는가? 누가 나를 사랑하는가? 그것의 어떤 점이 내가 사랑하게 만드는가?

저녁을 기분 좋게 마무리 하기 위한 질문들

1. 오늘 나는 세상에 무엇을 기여했는가? 어떤 방법으로 기여했는가?

2. 오늘 나는 무엇을 배웠는가?

3. 오늘 나는 내 삶을 어떻게 발전시켰는가? 오늘 이룬 것을 어떻게 내일을 위한 투자로 활용할 수 있을까?

훌륭한 질문이
선사하는 선물

활력이 되는 질문법을 알면 자기 자신은 물론 다른 사람들까지도 도움을 줄 수 있다. 한 번은 뉴욕에서 사업상의 동료이기도 한 친구를 만나 점심 식사를 함께했다. 그는 유능한 변호사였고, 나는 그가 젊은 시절부터 변호사 사무실을 개업해 업계에서 성공적으로 자리 잡게 된 것을 존경해 왔다. 그러나 그날은 어찌된 일인지 회사에 큰 타격이 되는 어떤 일로 괴로워하고 있었다. 그의 사업 파트너가 엄청난 액수의 간접비를 그에게 떠넘긴 채 회사를 떠났고 그 문제를 해결할 방도가 떠오르질 않는다는 것이었다.

이때 그가 사건의 의미를 해석하는 데에만 집중해 있었다는 사실에 주목해야 한다. 어떤 상황에서도 당신은 기분이 더 좋아지는 쪽, 혹은 더 나빠지는 쪽에 집중할 수 있다. 무엇을 찾고자 하든 찾고자 하는 것을 찾게 될 것이다. 문제는 그가 온통 잘못된 질문만을 던지고 있었다는 것이다. "내 파트너가 어떻게 나를 이런 식으로 버리고 갈 수 있단 말인가? 내가 어떻게 되든 관심도 없다는 건가? 이게 내 인생을 망가뜨리고 있다는 사실을 모르는가? 그가 없이는 사업을 할 수 없다는 걸 모른단 말인가? 고객들에게 더 이상 사업을 유지할 수 없다는 걸 어떻게 설명하지?" 이 모든 질문들은 이미 그의 인생이 망가졌다는 걸 전제로 하고 있었다.

내가 그 친구를 도울 수 있는 방법은 많았지만 나는 일단 그에게 몇 가지 질문을 던져보았다. 아침을 기분 좋게 열기 위한 질문들에서부터 문제 해결을 위한 질문들이었다.

나는 첫 번째 질문으로 이렇게 물었다.

"자네는 지금 무엇 때문에 행복한가? 이 말이 좀 황당하고 우습게 들리겠지만, 정말 지금 무엇에 행복을 느끼고 있는가?"

그의 첫 반응은 "아무것도 행복할 것이 없네."였다.

그래서 나는 이렇게 물었다.

"그럼, 지금 행복해지고 싶다면 당장 무엇 때문에 행복감을 느낄 수 있을까?"

잠시 생각하더니 그는 이렇게 답했다.

"아내 덕분에 나는 정말 행복하네. 아내는 아내로서의 역할을 매우 잘하고 있고 부부관계도 아주 좋다네."

그래서 나는 그에게 또 물었다.

"아내와의 사이가 얼마나 좋은지를 생각할 때 어떤 기분이 들었는가?" 그러자 그는 "내 인생에서 최고의 선물이라는 생각이 들었네."라고 말했다.

나는 "당신의 아내는 특별한 여자야, 그렇지 않나?"라고 말했다. 그러자 그는 아내에 대한 감정에 집중하기 시작했고 그 즉시 기분이 나아지기 시작했다.

그저 그의 주의를 다른 곳으로 돌렸을 뿐이라고 말할 지도 모르겠지만 나는 그가 더 나은 감정 상태가 될 수 있도록 도왔다. 더 나은 감정 상태에서만이 문제를 해결 할 수 있는 더 좋은 방법도 떠오르는 법이기 때문이다.

그래서 나는 그에게 행복을 느낄 만한 것이 더 없는지 물어보았다. 그는 한 작가를 도와 첫 출판계약을 성사시 켰을 때 그 작가가 얼마나 기뻐했는지 모른다며 그때 자 신도 자신을 자랑스러워해야 했지만, 사실은 별로 그런 기분은 느끼지 못했다고 말했다.

"만약 그때 자부심을 느꼈다면 어떤 기분이었을 것 같 나?"라고 그에게 물었다.

그 감정이 얼마나 기분 좋은 느낌일지에 대해 생각하 자 그의 감정 상태가 바뀌기 시작했다. 그때 내가 또다시 물었다.

"그 외에 또 무엇이 자랑스러운가?"

그는 "내 아이들이 정말 자랑스럽네. 그 애들은 사람들 에게 따뜻한 관심을 보이고 자기 자신도 챙길 줄 알지. 나는 아이들이 성인으로 잘 성장해 준 것과 나의 자식인 것이 자랑스러워. 아이들이야말로 내가 남기는 유산이라고 할 수 있겠지."

"자네가 그렇게 큰 영향력을 지니고 있다는 사실을 아는 기분이 어떤가?"라고 다시 묻자 (몇 분 전까지만 해도 자신의 인생이 끝났다고 믿었던) 그는 생기를 되찾았다.

그래서 나는 그에게 무엇이 감사한지를 물어보았다. 그는 고전하는 애송이 변호사였던 젊은 시절 힘든 시기를 헤쳐나갈 수 있었던 것에 정말 감사하며, 밑바닥부터 커리어를 쌓을 수 있었던 것과 '아메리칸 드림'을 실현할 수 있었던 것에 감사하다고 말했다.

나는 또다시 질문했다. "그렇다면 자네를 진정으로 흥분하게 만드는 건 무엇인가?" 그는 "사실 지금 당장 변화를 만들 수 있는 기회가 내게 있다는 사실이 흥분되네."라고 대답했다.

그가 그 일을 긍정적으로 바라보게 된 것은 그때가 처음이었다. 그것은 그의 감정 상태가 급격하게 바뀌었기 때문에 가능한 일이었다. 나는 이렇게 물었다.

"자네는 누구를 사랑하고 누구의 사랑을 받고 있나?"

그는 자신이 가족과의 관계가 얼마나 돈독한지에 대해 이야기하기 시작했다.

그러고 난 뒤 나는 정말 어려운 질문을 던졌다.

"파트너가 떠났지만 그것의 좋은 점은 무엇이라고 생각하는가?"

그는 "파트너가 떠난 것에 좋은 점이 있을 수 있다면 그건 내가 날마다 이 도시에 오지 않고 코네티컷에 있는 집에 있어도 된다는 거네. 또 다른 좋은 점이라면 내가 모든 것을 새로운 시각에서 바라보게 되었다는 사실이지."라고 말했다.

이를 계기로 그는 모든 가능성을 고려하게 되었고, 마침내 코네티컷 집에서 5분 거리에 새로운 사무실을 개업하고 사무실 운영에 아들의 도움을 받는 동시에 맨해튼 사무실은 자동 응답기를 통해 전화를 받겠다는 결단을 내렸다. 그는 자신이 새로운 사무실을 즉시 찾아보겠다는 결단을 내렸다는 사실에 몹시 흥분했다.

채 몇 분도 안 되는 사이에, 질문의 힘이 이렇게 마법과도 같은 효과를 가져왔다. 물론 그에게는 처음부터 문제를 해결할 힘이 있었다. 하지만 그가 지금까지 스스로

에게 해온 질문들은 그를 무력하게 만들었고, 자신을 지
금까지 쌓아 올린 모든 것을 잃어버린 늙은이로 생각하
게 만들었다. 사실, 삶은 그에게 아주 큰 선물을 안겨주
었다. 그러나 의미 있는 질문들을 던지기 전까지 그는 그
진실을 발견하지 못했다.

삶을 변화시키는 또 하나의 도구는 인체의 생물학적
작용 원리이다. 이게 무슨 말인지 궁금한가? 다음 장에서
자세히 살펴보도록 하자.

몸동작을 바꾸면
감정도 바뀐다

신체 동작과 말투 하나로
인생이 달라진다

우리는 감정이 신체 상태에 영향을 미친다는 사실을 잘 알고 있다. 그러나 그 반대의 경우 또한 얼마나 분명한 진실인지 알고 있는 사람은 드물다. 신체적으로 변화가 일어나면 감정적으로도 변화하게 된다. 육체와 감정은 별개일 수가 없다.

우리는 감정이 신체의 움직임에 의해 생겨난다는 사실을 알아야 한다. 우리의 움직임은 우리가 생각하고 느끼고 행동하는 것을 바꾼다. 달리기, 박수치기, 뜀뛰기와 같은 신체 활동에서부터 얼굴 근육의 미세한 움직임에 이르기까지 우리 몸의 모든 행동은 신체적 화학 작용에 영향을 미친다.

예컨대 우울한 사람은 어떻게 보이는가? 우울할 때 당신의 신체는 어떠한가? 우울함을 느끼기 위해서는 신체의 각 부분을 특정한 상태로 만들어야 하지 않을까? 어깨는 어떤 상태여야 할까, 축 늘어뜨리고 있어야 할까, 곧추세우고 있어야 할까? 그에 대한 답은 자명하지 않은가? 머리는 어디에 두고 있어야 할까? 아래로 처져 있어야 하지 않을까? 그렇다면 눈은 어떨까? 땅 쪽을 바라보고 있어야 하지 않을까? 호흡은 얕은 숨을 쉬어야 할까? 우울해지기도 쉬운 일이 아니다. 당신은 우울할 때 자신이 어떻게 보이는지 그 모습을 잘 알고 있다. 누구나 그런 경험을 갖고 있기 때문이다. 우리 모두가 그렇다.

흥미로운 사실은, 많은 연구자들이 어떻게 몸이 감정의 영향을 받을 수 있는지를 연구해 오긴 했지만 감정이 어떻게 몸의 영향을 받는지에 대해서는 최근에서야 관심을 갖기 시작했다는 것이다. 한 연구는 기분이 좋을 때 미소 짓거나 웃는다는 사실보다 미소 짓거나 웃는 행위 자체가 실제로 기분을 좋아지게 만드는 생물학적 작용을 유발한다는 사실에 더 주목해야 한다는 결론을 내렸다. 웃는 행위는 뇌 혈류를 증가시키고 산소량을 증가시키며 신경 전달 물질을 분비시킨다. 다른 표정을 지을 때도 동일한 현상이 일어나는 것을 확인할 수 있다. 두려운 표정이나 화난 표정, 혐오스러운 표정, 놀란 표정을 지어보라. 그러면 즉시 그 표정에 해당하는 느낌이 따라올 것이다.

수년 전 삶을 변화시키기 위해 내가 사용한 가장 효과적인 방법 중 하나는 몸짓과 제스처, 그리고 말투를 바꾸는 것이었다. 처음에는 그렇게 몸 동작만 바꾼다는 게 우스꽝스럽고 약간 '젠 체하는' 것처럼 느껴졌지만, 새로운 방식으로 몸을 움직이다 보니 내가 나에게 기대하는 것이 무엇인지에 대한 메시지를 말 그대로 신경계를 통해 뇌로 전달하고 있다는 사실을 깨닫게 되었다. 그렇게 해서 내 감정과 사고방식에 변화가 일어나기 시작했다. 나는 더 적극적인 생각을 하고 강력하고 긍정적이며 역동적인 행동을 하기 시작했다. 진짜 중요한 것은, 처음에는 의식적이고 의도적으로 하기 시작해 어색했던 행동을 완전히 내 것이 될 때까지 반복하는 것이다. 마침내 나는 그런 행동을 의식적으로 할 필요가 없게 되었다. 나는 더 이상 연기를 하고 있는 것이 아니었다. 이제는 그것이 내 마음과 신경체계 내에서 강력하고도 긍정적인 습관으로 자리를 잡아버렸다.

단지 나는 확신이 넘치는 사람들의 동작을 흉내 낸 것뿐이었다. 그저 그들의 동작을 동일한 강도로 따라했을 뿐이다. 그 덕분에 나는 삶을 완전히 새로운 시각으로 바라보게 되었고 훨씬 더 설득력 있는 사람이 되었다. 나자신뿐만 아니라 친구들과 사업 동료들에게도 긍정적인 영향력을 미치기 시작했다.

어쩌면 몸의 동작을 바꾸면 인생이 달라진다는 말이 당신에게는 지나친 과장으로 들릴지도 모르겠다. 그러나 이는 전적으로 맞는 말이다. 신체 동작을 더 많이 바꿀수록 날마다 감정과 행동에도 커다란 변화가 찾아온다. 당신도 한번 시도해 보라. 다음번에 짜증이 밀려오기 시작하면 잠시 뜀뛰기를 하고 몸을 털고 숨을 깊이 들이쉬어라. 그리고 얼굴에 억지로라도 바보같은 미소를 지으며 스스로에게 이렇게 물어라. "이 일에서 좋은 점은 무엇일까?" "이 일에서 짜증 나는 점은 무엇일까?" "이 일에서 우스운 점은 무엇일까?" "이 '문제'가 10년 뒤에 뒤돌아봐도 문제로 느껴질까?"

신체 동작과 생각이 집중하는 초점 모두를 바꾸면 마음이 한결 더 가벼워질 것이다. 새로운 관점으로 세상을 바라보게 되면 당신을 괴롭히는 문제가 무엇이든 그것에 훨씬 더 효과적으로 대응할 수 있다.

당신이 닮고 싶은 신체 동작과 말투를 가진 인물이 있는가? 모방할 만한 친구나 가족 구성원, 선생님, 영화배우, 댄서, 강사, 혹은 그 밖의 영향력 있는 롤모델이 있는가? 그렇다면 그 사람을 한번 상상해 보라. 그 사람의 신체 동작이나 말투를 정확히 모른다 해도 그 사람을 떠올리는 것만으로도 좋은 생각이 마구 떠오르지 않는가?

가령 당신이 스타 쿼터백이어서 슈퍼볼 경기에서 지금 막 터치다운을 기록했다고 가정해 보자. 이때 당신의 걸음걸이가 어떨 것 같은가? 고개를 숙이고 어깨는 축 처져 있을까? 그럴 리가! 당신은 한껏 뽐내며 걸을 것이다! 마치 온몸으로 "난 최고야!"라고 말할 것이다. 그렇게 걸으면 기분과 행동이 바뀔까? 물론이다!

다른 누군가와 똑같은 동작을 취함으로써 그 사람과 동일한 감정을 느끼기 시작할 것이다. 다음 장으로 넘어가기 전에 지금 당장 이걸 시도해 보라. 먼저 자리에서 일어서라. 이 페이지를 읽으며 삶에서 정말 실현되기를 원하는 목표나 욕망을 떠올려 보라. 그것을 떠올리며 실현되기를 희망해 보라. 이루어질 거라는 확신은 없지만 무언가를 희망할 때 어떻게 서 있는지 생각해 보고 그 동작을 취하며 서 있어 보라. '당신은 어떤 일이 이루어지길 희망한다. 당신은 그 일을 망치지 않기를 희망한다.' 확신은 없지만 그래도 희망을 바라고 있을 때 당신은 어떻게 호흡을 하는가? 그럴 때 표정은 어떠한가? 어깨는 어떤 상태인가? 몸의 무게 중심은 어디에 있는가? 목표를 달성할 수 있다는 희망을 가질 때 머릿속에 어떤 장면을 떠올리는가? 목표가 이루어지는 장면을 떠올리는가 아니면 목표가 이루어지지 않는 장면도 떠올리는가? 지금 한번 해보라. 이 페이지의 문장을 눈으로만 읽지 말고 시도해 보라.

이번에는 당신이 걱정하고 있는 상황을 상상해 보라. 의도적으로 잠시 동안만 목표를 이루지 못할 것을 걱정해 보라. 그리고 신체 동작을 어떻게 해야 할지 생각해 보라. 걱정할 때 손은 어디에 두는가? 어깨는 어떤 상태인가? 몸의 근육은 긴장되어 있는가? 동작이 느려지거나 숨을 크게 편안히 쉬지 못하는가? 얼굴 근육은 어떤 상태인가? 걱정이 될 때 목소리는 어떻게 나오는가? 어떤 장면을 떠올리는가? 목표가 이루어지지 못하는 장면만을 떠올리는가? 최악의 시나리오만을 가정하는가? 이번에는 실제로 자신을 걱정하는 상태로 만들어보라. 그리고 걱정하는 상태를 만들기 위해 자신이 신체 동작을 어떻게 하는지 살펴보라.

이제 그와 같은 걱정스러운 감정 상태에서 벗어나 확신을 가진 감정 상태가 되어보자. 당신의 목표가 무엇인지 생각해 보고 그 목표를 성취할 수 있다고 절대적으로 확신할 때처럼 지금 숨 쉬고 서 있어 보라. 당신은 마음속에 어떤 의심도 들지 않을 때 어떻게 서 있을 것 같은가? 당신의 자세는 어떨까? 이제 그 상태로 자신을 만들어 보라. 숨은 어떻게 들이쉴 것 같은가? 얼굴에는 어떤 표정이 떠오를까? 당신이 원하는 일을 이룰 수 있다고 절대적으로 확신할 때 손동작은 어떠할까?

이제 당신의 자세는 어떠한가? 무언가를 바라거나 걱정할 때와는 확연히 다를 것이다. 그렇지 않은가? 몸의 무게 중심은 어디에 있는가? 균형이 잡혀 있는 상태인가? 무언가를 정말 확신하고 있다면 아마 상당히 안정감을 느끼고 중심이 잡혀 있을 것이다. 머릿속에 어떤 장면을 그리고 있을 것 같은가? 장담하건대 실패하는 장면이 아니라 목표를 이루는 장면만을 떠올리고 있을 것이다.

어떻게 하면 날마다 이런 감정을 느낄 수 있을까? 성공한 사람들을 찾아 그들의 자신감 넘치는 신체 동작(몸짓, 호흡, 걸음걸이)을 따라 해보라. 아니면 당신이 최상의 심리 상태나 감정 상태일 때 자주 하는 신체의 움직임을 모델로 삼아보라. 이렇게 해보면 이것이 단순한 게임이 아니라 당신의 두뇌와 신체 내부 하나하나의 세포에 새겨져 있는 잠든 거인의 능력을 일깨우는 방법이라는 점을 깨닫게 될 것이다. 성공한 사람들의 몸동작이나 호흡과 동일한 씨앗을 심으면 비슷한 보상을 수확하게 될 것이다.

그리고 자신감에 차 있고 행복하며 성공한 롤모델을 직접 만나게 되면 그들의 신체 동작만을 주시할 것이 아니라 그들이 하는 말에도 귀를 기울여보라. 그들이 말하는 방식을 잘 살펴보면 성공을 이끌어 내기 위해서는 어떻게 말하는 게 좋을지 배우게 될 것이다.

성공으로
이끄는 말

말 한마디가 주는 힘

몇 년 전, 나는 비즈니스 미팅 중 말이 가진 놀라운 힘을 깨달은 적이 있다. 그때 나는 오랫동안 함께 일해온 두 사람과 같이 있었다. 우리는 어떤 협력업체가 우리를 이용하려 했다는 사실을 막 알게 된 참이었다. 나는 그 상황이 아주 불쾌했다. 누가 봐도 화가 났다는 표현이 더 맞을 것이다.

한 동료는 너무 화가 난 나머지 얼굴이 붉게 달아올랐다. "이건 정말 참을 수 없는 일이야!"라며 분노를 터트렸다. 나는 그에게 왜 그렇게 화를 내느냐고 이유를 물었다.

"화가 나면 훨씬 강해지는 법이지. 그리고 강해지면 어떤 상황이든 유리하게 바꿀 수 있으니까!"

그러나 또 다른 동료는 잠자코 앉아 있다가 이렇게 말했다. "약이 좀 오르는걸."

'약이 좀 오른다고?' 나는 그에게 "어떻게 화가 나지 않고 약이 좀 오르는 정도에서 그칠 수 있지?"라고 물었다.

"화를 내면 자제력을 잃게 되잖아. 그러면 결국 상대방에게 지는 셈이지."

나는 이런 상황에서 고작 '약이 좀 오르는걸' 정도로 말하는 답답한 사람이 있나'라고 생각했다. 이 훌륭한 남자는 어떻게 그렇게 에둘러 표현하면서 여전히 평정심을 잃지 않은 표정을 짓고 있단 말인가?

사실을 말하자면, 태연한 얼굴은 아니었다. 오히려 나를 미치게 만들 뻔한 그 일에 관해 이야기하는 걸 즐기는 것처럼 보이기까지 했으니 말이다. 그의 단어 선택은 그에게 확실한 효과가 있었다. (사실 내게도 그랬다.) 어찌 되었든 '약이 좀 오르는걸'이라는 표현을 사용하니 화가 덜

나는 것처럼 느껴졌다.

그래서 나도 그 말을 언젠가 한번 시도해 보기로 했다. 어느 날 출장 중에 호텔에 도착했는데, 내 방 예약이 안 되어 있었던 적이 있었다. 더군다나 객실이 하나도 남아 있지 않았다.

나는 이렇게 말해 보았다. "실례하지만 여기 오래 이렇게 서 있자니 점점 약이 오르는데요."

그러자 당황한 호텔 직원은 어찌할 바를 몰라 나를 쳐다보며 억지로 미소를 지어 보였고, 나도 같이 웃어줄 수밖에 없었다.

그 후 몇 주 동안 나는 이 단어를 여러 차례 써먹었다. 이 단어를 사용할 때마다 우스운 느낌이 들어 화나 좌절감을 표출하던 나의 습관적인 패턴이 깨졌고, 즉각적으로 화난 감정이 누그러지는 것을 경험했다.

단지 말 한마디 다르게 했을 뿐이다. 하지만 우리가 스스로에게 어떻게 말을 하느냐(우리가 사용하는 특정 단어)에 따라 우리의 생각은 통제된다. 그리고 우리가 생각하는 방식은 우리의 느낌과 행동을 좌우한다.

만약 당신이 '화가 나' '열 받아' '망했어'와 같은 말들을 한다면 어떤 감정이 느껴질까? 어떤 종류의 질문들을 자신에게 던지게 될까? 어떤 것에 관심을 집중하게 될까? 혈압이 무한정 치솟게 되지 않을까?

가령 '화가 난다'는 말 대신에 '짜증이 난다'는 표현을 사용해 보면 어떨까? '일에 치인다'라는 말 대신에 '일복이 많다'라는 표현은 어떨까? '열 받는다'는 말 대신에 '머리에서 딸랑거린다'는 표현은 어떨까? '거슬린다'는 말 대신에 '자극이 된다'는 표현은 어떨까? '거절당했다'라는 말 대신에 '인정받지 못했다'라는 표현을 사용하거나, '엄청나게 충격받았다'는 말 대신에 '어느 정도 신경쓰인다'는 표현을 사용해 보면 어떨까? 다른 느낌이 들기 시작할 것 같지 않은가? 믿어도 좋다!

아마 이 방법이 어처구니없을 정도로 단순하게 들릴 것이다. 말 한마디를 바꿔서 우리의 기분을 전환시킨다는 것이 그렇게 쉬울 리가 없지 않은가! 그러나 말은 그야말로 우리의 감정을 바꾸는 힘을 지니고 있는 것이 사실이다. 그래서 우리는 수십 년이 흐른 뒤에도 마틴 루터

킹Martin Luther King, Jr. 목사의 꿈에 관한 연설이나 존 F. 케네디John F. Kennedy의 국가를 위해 한 사람이 무엇을 할 수 있는가에 관한 연설을 들으면 깊은 감명을 받는 것이다. 말은 우리의 감정을 변화시키지만 대다수의 사람들은 우리가 다른 이들과 (그리고 우리 자신과) 날마다 대화하며 어떤 단어들을 사용하는지에 관심을 갖는 사람이 별로 없다. 더구나 그 단어들이 순간순간 우리의 생각과 감정에 어떤 영향을 미치는지에 대해서는 더욱 자각하지 못한다. 예컨대, 당신이 뭔가를 '실수했다'는 말을 듣게 되었을 때 당신은 특정한 반응을 보일 것이다. 그런데 만일 '틀렸다'는 말을 듣게 되면 더 강한 반응을 보일 것이고, '거짓말하고 있다'는 말을 듣게 된다면 설사 그것이 본질적으로는 앞의 두 표현과 같은 의미의 말이라 할지라도 단어 하나가 바뀜으로써 당신의 생각과 느낌은 순식간에 달라질 것이다. 그렇지 않겠는가?

기분이
날아갈 듯 좋아

이 원칙은 반대의 경우에도 작용할 수 있다. 즉, 행복한 감정을 묘사하는 단어를 다른 표현으로 바꿈으로써 행복감을 극대화할 수도 있다.

'괜찮네'라고 말할 상황에서 '황홀해'라는 표현을 사용한다든지, '관심이 간다'라고 말할 상황에서 '매료되었다'라는 표현을 사용해 보라. '좋아'라는 말 대신에 '최고야'라고 말하고, '훌륭해'라는 말 대신에 '경이로워'라고 말해 보는 것이다. 당신은 그저 '확고한' 것이 아니라 '아무도 막을 수 없는' 것이다!

그러니 이제 새로운 단어들로 준비를 해보자. 피곤한 일상을 묘사하기 위해 당신이 주로 사용해 왔던 단어들을 몇 가지 떠올려 보라. 그러고 나서 그 대신 사용할 수 있는 새로운 단어들을 생각해 보라. 원한다면 우스꽝스러운 단어를 생각해 봐도 좋다. 게임을 하듯 가벼운 마음으로 한번 시도해 보라!

지금까지 활력을 빼앗던 말	활력을 주는 새로운 말
멍청해	흥미로운데

✳

멋진 단어들을 많이 생각해냈으리라 믿는다! 여기 내가 지난 몇 년간 들었던 말들을 몇 개 제시한다.

부정적인 감정/표현

화가 나   우울해

실망스러워   당황스러워

악취가 나   실패했어

잃어버렸어   끔찍해

긍정적으로 대체 가능한 표현

색다르네   물색 중이야

다양한 경험이야   조금 향기롭군

무언가를 배웠어   아직 때가 아닌가 봐

행동 전의 고요한 시기야

＊

이번에는 당신의 경험을 놀랍게 바꾸어 놓을 단어
들을 생각해 보자. 일반적으로 사용하는 단어들을
흥미를 자아내는 번득이는 단어들로 바꾸어 보자!

기존의 진부한 표현

흥미로워

....

....

....

새롭고 재미있는 표현

황홀한 환상이야

....

....

....

✳

당신이 새롭게 선택한 단어들을 당장 사용해 보
자. 그저 '시간만 죽이는' 것이 아니라 '끝내주게
즐거운 시간을 보내야' 한다.

긍정적인 감정/표현

깨어났어	⟶ 멋져
꽤 좋아	운이 좋았어
좋아	괜찮아
빠르네	똑똑해

더 좋은 표현

기똥차네	맛이 다채로워
말도 안 되게 멋져	에너지가 충전되었어
두뇌가 번득이는군	이보다 더 좋을 수 없군
폭발적으로 신속하군	거부할 수 없을 만큼 좋아

비유의 힘으로
어려움을 극복하라

비유로
느낌을 표현하다

"줄에 매달려 있는 것 같아."

"벽을 뚫고 나갈 수가 없어."

"머리가 터질 것 같아."

"갈림길에 서 있어."

"삼진아웃 당했어."

"공중에 붕 떠있는 것 같아."

"물에 빠진 기분이야."

"종달새마냥 행복해."

"완전히 막다른 골목에 이르렀어."

"어깨에 온 세상을 짊어지고 있는 것 같아."

"인생은 한 바구니의 체리란다."

이 문장들의 공통점은 무엇일까? 모두 비유로 되어 있다는 것이다. 비유란 무엇일까? 무엇인가를 다른 어떤 것에 빗대어 설명할 때 이르는 말이다. 비유는 상징과도 비슷해서, 한 마디 안에 많은 의미를 담을 수 있다. 사람들은 어떤 일에 대한 느낌을 표현할 때 항상 비유를 사용한다.

"인생은 투쟁이다."라는 문장과 "인생은 해변이다."라는 문장은 둘 다 비유적인 표현으로, 세상을 바라보는 매우 다른 시각을 보여준다. 인생을 투쟁이라고 생각한다면 삶이 어떻게 보이겠는가? 아마도 당신은 사람들이 언제나 서로 싸우기만 한다고 믿고 있을지 모른다. 하지만 삶을 해변이라고 표현한다면 사람들이 함께 어울려 즐겁게 놀 수 있는 것이 인생이라 믿을 것이다!

특별한 의미를
만드는 비유

모든 비유 뒤에는 신념체계가 자리 잡고 있다. 당신의 삶이나 당신이 놓여 있는 상황을 묘사하는 비유적 표현을 선택할 때는 그것의 근거가 되는 신념도 함께 선택하는 셈이다. 그러니 자신 또는 다른 이에게 세상을 설명할 때는 표현에 주의를 기울여야 한다.

내가 좋아하는 사례 중 하나로 영화배우 마틴 쉰^{Martin Sheen}과 그의 아내 재닛이 세상을 한마디로 표현한 비유를 소개하고 싶다. 두 사람은 인류를 '하나의 거대한 가족'

이라고 말하곤 한다. 그래서 그들은 심지어 완전히 낯선 사람들에 대해서도 매우 깊은 관심과 동정을 느낀다. 마틴은 내게 수년 전 영화 〈지옥의 묵시록^Apocalypse Now〉을 촬영할 당시 그의 삶이 바뀐 계기에 대해 들려주었는데 감동적이었다. 과거에 그는 삶을 두려워해야 할 대상으로 바라보았다. 하지만 이제는 흥미로운 도전으로 바라본다. 어떻게 그렇게 변할 수 있었을까? 그가 '인생은 알 수 없는 신비로움이다.'라는 시각으로 세상을 바라보기 시작했기 때문이었다.

왜 그는 삶을 신비로움이라 말하게 된 것일까? 그것은 바로 그가 겪은 '극심한 고통' 때문이었다. 촬영팀은 필리핀의 깊은 정글 속에서 살인적인 일정에 맞춰 촬영을 강행하고 있었다. 밤을 새우다시피 촬영을 끝낸 다음 날 아침에 일어난 그는 극심한 가슴 통증을 느꼈다. 몸의 일부는 감각이 없이 마비되고 있었다. 그는 바닥으로 몸을 떨어뜨려 오로지 의지력 하나로 문앞까지 기어가 가까스로 도움을 요청할 수 있었다.

촬영팀과 의료진, 그리고 촬영에 참여 중이었던 비행

기 조종사의 도움으로 마틴은 응급 치료를 위해 병원으로 이송되었다. 그의 아내도 병원으로 달려갔다. 그는 시간이 갈수록 눈에 띄게 쇠약해져 가고 있었다. 그녀는 그의 상태가 매우 심각하다는 사실을 받아들이려 하지 않았다. (그녀는 마틴에게 힘이 되어주어야 한다는 것을 알고 있었다.) 그래서 그를 향해 활짝 웃으며 이렇게 말했다. "이건 그냥 영화인 거예요, 여보! 그냥 영화 속 장면일 뿐이라고요."

마틴은 그 순간 다시 살아날 수 있다는 의지를 발견하게 되었다고 말했다. 웃기도 힘들었지만 미소를 지어 보였고, 그 미소를 시작으로 치유되기 시작했다.

이 얼마나 기가 막힌 비유인가! 영화 속에서는 사람이 실제로 죽는 일이 없다. 영화의 결말이 어떻게 될지는 스스로 결정할 수 있다.

당신은 분명 이렇게 말할 것이다. "이 모든 말씀이 훌륭하기는 하지만 전 지금 정말 갇혀 있는 기분이에요." 좋다! 그렇다면 문을 찾아서 열어라. 그럼 당신은 "네, 그런데 저는 어깨에 온 세상을 짊어지고 있거든요."라고 말할 것이다. 그렇다면 세상을 내려놓아라. 그리고 앞으로 나아가라!

당신은 당신의 세상을 어떻게 묘사하겠는가? 일종의 게임이라고 말하겠는가? 아니면 투쟁이라 말하겠는가? 댄스나 시험? 아니면 꽃밭?

만약 삶을 댄스라고 한다면 그건 무슨 의미일까? 당신의 삶 속에는 댄스 파트너와 우아한 몸동작과 조화로움이 있을 것이다. 만약 삶을 게임이라고 한다면 어떨까? 삶은 재미있는 것이고 다른 사람들과 놀 수 있는 기회일 것이다. 또한 규칙과 승자가 존재한다는 의미가 될 수도 있을 것이다. 삶을 꽃밭이라고 한다면 어떨까? 화려한 색상과 매혹적인 향기, 자연의 아름다움을 떠올려 보라! 그런 꽃밭에서라면 인생을 좀 더 기쁘게 즐길 수 있지 않을까?

당신이 원하는 삶을 만들어 나가기 위해 가장 먼저 해야 할 일은 무엇일까? 우선 목표를 세워야 한다.

목표 설정이
미래를 좌우한다

우리가
목표를 세우는 이유

누군가 탁월한 성과를 올리거나 겉으로 보기에 불가능해 보이는 목표를 달성하면 사람들은 그것을 '운이 좋았다'거나 '때와 장소가 잘 맞아떨어졌다'거나 '좋은 팔자를 타고 난 것'이라고 간주하곤 한다. 그러나 내가 세계적으로 위대한 업적을 거둔 많은 사람들을 인터뷰하면서 알게 된 흥미로운 사실 중 하나는 그들이 이룬 각각의 놀라운 성취가 모두 똑같은 첫걸음에서 시작되었다는 점이었다. 그것은 바로 '목표를 세우는 일'이다.

일례로, 마이클 조던^{Michael Jordan}을 만났을 때 나는 그에게 자신이 다른 선수들보다 뛰어난 점이 무엇이라 생각하는지와 그가 자신과 팀을 거듭 승리로 이끌도록 도와준 것이 무엇인지에 관해 물어보았다. 과연 무엇이 그를 최고의 농구선수로 만든 것일까? 신이 내린 재능이었을까? 아니면 기술? 아니면 전략?

조던은 이렇게 대답했다.

"신께서 주신 천부적인 재능을 타고나는 사람은 많습니다. 저 또한 그렇고요. 하지만 평생에 걸쳐 제가 다른 이들과 달랐던 점은 제가 그 누구보다 승부욕이 강했다는 거예요. 저는 어떤 일에서든 2위에 안주하는 법이 없었죠."

당신은 아마 그렇게 불타는 경쟁심의 원천이 무엇이었는지 궁금할 것이다. (나 역시 궁금했다.) 조던에게 인생의 전환점이 찾아온 것은 10학년 때였다. 한때 실패를 경험했고 그것이 커다란 목표를 향해 나아가도록 만든 자극제가 되었다. 대다수의 사람들은 (에어 조던, 미국을 대표하는 최고의 선수, NBA의 황제, 역사상 가장 위대한 농구 선수,

농구의 역사를 새로 쓴 전설) 조던이 고등학교 시절 학교 농구 대표팀 선발에서 탈락했다는 사실을 까맣게 모르고 있다.

래니고등학교 농구 대표팀 선발에서 탈락한 날 조던은 집에 가서 오후 내내 울었다고 한다. 그렇게 크게 실망했다면 포기할 만도 했을 것이다. 그러나 그는 포기하기보다는 이 고통스러운 경험을 불타는 열망으로 승화시켰다. 더 높은 기준, 훨씬 더 큰 목표를 세웠다. 그는 굳은 마음으로 자신과 스포츠계의 운명을 바꾸게 될 강력한 결단을 내렸다. 그는 대표팀 선수로 선발되는 것은 물론 최고의 농구선수가 되기로 결심했다.

그는 이 야심 찬 목표를 달성하기 위해 성공한 사람이라면 누구나 하는 것처럼 목표를 세우고 즉각 적극적으로 행동에 옮겼다. 3학년에 올라가기 전 여름방학 동안 그는 대표팀의 코치인 클리프턴 허링Clifton Herring에게 도움을 구했다. 허링 코치는 매일 아침 6시에 자동차로 조던을 경기장으로 태우고 가 고강도 집중 훈련을 시켰다. 이 시기에 이 신예 농구선수는 키가 188센티미터까지 성장했다. 사실 조던은 목표를 달성하겠다는 열망이 너무 강렬한 나머지 신장을 늘리기 위해 학교에 있는 철봉에 매달리곤 했다. 키가 크면 대표팀에 들어가기가 더 유리해질 것이라 생각했기 때문이다. (스스로의 가능성을 '확장'하는 것의 힘이 얼마나 큰지 알겠는가!)

조던은 날마다 쉬지 않고 훈련했고 기회가 찾아왔을 때 마침내 학교 대표팀 선수로 선발되었다. 그는 10여 년이 지난 후 시카고 불스^{Chicago Bulls}의 코치 더그 콜린스^{Doug Collins}가 강조한 "더 열심히 준비할수록 더 큰 행운이 따르는 법이다."라는 말을 증명해 보여준 셈이다. 어떤 이들은 실망하거나 실패할 것을 우려해 목표 세우기를 두려워한다. 하지만 그들이 미처 깨닫지 못하는 것 중 하나가 목표를 달성하는 것이 목표를 세우고 목표 달성을 향해 적극적인 행동을 취하는 것만큼 중요하지는 않다는 사실이다. 우리가 목표를 세우는 이유는 삶에 초점을 설정하고, 원하는 방향으로 나아가기 위해서이다. 우리에게 중요한 것은 우리가 추구하는 인간이 되어가는 것이지 결코 목표 달성 그 자체는 아니다.

목표를 정했다고 해도 처음에는 그 변화가 미미하게 느껴질지도 모른다. 바다를 항해 중인 대형 화물선을 생각해 보라. 선장이 배의 방향키를 몇 도 돌렸다고 그 즉시 변화가 눈에 띄지는 않는다. 그러나 몇 시간 또는 며칠이 지나면 몇 도 방향을 튼 것으로 인해 배는 완전히 다른 목적지에 도달해 있다.

십수 년 전, 우울한 상황에서 벗어나기 위해 나는 수차례 방향을 전환하고 여러 가지 목표를 세워야만 했다. 그 목표들을 향해 노력하면서(살을 빼고 자신감을 키우는 등) 나는 아주 중요한 사실을 깨달았다. 성공은 어쩌다 한 번 최선을 다하는 것이 아니라 '지속적으로' 최선을 다해야 얻을 수 있다는 사실이다.

성공하는 사람들은 모두 지속적인 발전을 위해 자신의 모든 노력을 바친다. 그들은 그저 잘하는 정도에 만족하는 일이 결코 없다. 끊임없이 더 잘하기를 원한다. 만약 당신이 이 지속적이고 끝없는 변화와 발전의 철학, 또는 내가 CANI! Constant And Never-ending Improvement! 라 부르는 원칙을 적용한다면, 당신은 평생에 걸쳐 성장을 지속하는 것(진정한 행복의 원천)은 물론 성공할 거라고 장담할 수 있다. 그렇지만 CANI!가 모든 일을 완벽하게 만들어준다는 의미는 아니다. 또한 CANI!가 모든 상황을 순식간에 변화시킨다는 말도 아니다.

성공한 사람들은 '작은 단위로 나누는 것'의 힘을 잘 알고 있는 이들이다. 그들은 한 번에 씹을 수 있는 양보다 더 많이 베어 물지 않는다. 다시 말해서 목표를 씹을 수 있는 조각, 즉 그들이 원하는 궁극적인 성공에 다가가기 위해 달성 가능한 '하위 목표'로 잘게 쪼갠다. 그러나 하위 목표만 정한다고 해서 그게 다가 아니다. 각각의 작은 단계에 도달할 때마다 매번 성공을 자축한다. 그렇게 하면 탄력이 생겨 점점 꿈을 현실화하는 습관을 형성해 나갈 수 있다.

우리는 모두 '천리길도 한 걸음부터'라는 말을 들어본 적이 있다. 하지만 목표를 세울 때는 그 말을 잊어버리는 경우가 많다. 원하는 방향으로 작은 걸음을 내디딘 것에 대해 자신을 마지막으로 칭찬한 것이 언제였는가? 수년 전 나는 17킬로그램을 모두 감량하기 전에도 나를 칭찬해 주곤 했다. 처음에는 음식이 담겨 있는 접시를 거부한 것만으로도 대단한 일을 성취했다고 스스로 칭찬했다! 마찬가지로 예컨대, 당신이 직업을 바꾸는 것을 고려중이고, 다섯 명의 사람을 만나 자신의 직업에 대해 이야기를 나누며 도움 되는 정보를 수집했다면, 그것은 이미 다섯 걸음 앞으로 전진한 셈이다. 설사 오늘 직업을 바꾸는 게 아니라 하더라도 당신은 새로운 방향으로 나아가고 있는 것이다. 과거의 일이 당신의 미래를 결정짓는 것이 아님을 명심하라.

유명한 시에서도 노래하듯 당신의 운명의 주인은 바로 당신이다. 당신이 영혼의 선장인 것이다. 모든 것은 나에게 달려 있다. 목표를 세우는 것을 주저하지 마라. 이제 당신의 배를 돌려라. 앞으로 조금만 더 나가면 당신의 미래가 기다리고 있다.

미래는 도전할
가치가 있다

우울하거나 두려울 때조차 기꺼이 행동에 나서도록 만드는 것은 무엇일까? 어떤 사람은 어떻게 그 험난한 장애를 극복하는 것일까? 어떻게 그들은 다른 이들이 실패라고 여기는 상황을 거듭 극복하며 재기에 성공하는 것일까?

그들에게는 도전할 가치가 있는 '흥미로운 미래'가 기다리고 있기 때문이다.

일례로, 나의 친구 W. 미첼의 이야기를 해보겠다. 그는 끔찍한 오토바이 사고로 신체의 3분의 2가 화상을 입게 되었다. 병원에 누워 있는 몸이었지만 그는 어찌 되었든 주변 사람들에게 도움을 줄 수 있는 방법을 찾아보기로 마음먹었다. 비록 그의 얼굴은 알아보기 힘들 정도로 화상을 입긴 했어도 그는 자신의 미소가 세상을 밝힐 수 있을 것이라 믿었다. 그리고 그의 생각은 옳았다. 그는 자신이 사람들의 기운을 북돋워 주고 이야기를 들어주고 위로해 줄 수 있을 것이라 믿었고 실제로 그렇게 했다.

그런데 몇 년 후 불행히도 그는 또 다른 사고를 당했다. 이번에는 비행기 사고였고 허리 아래가 마비되는 부상을 입었다. 그래서 그가 좌절했을까? 천만의 말씀!

오히려 병원에서 아름다운 간호사를 보고 반해서 "어떻게 하면 그 간호사에게 데이트 신청을 할 수 있을까?"라고 친구들에게 연애 상담을 구했다. 친구들은 그에게 허튼 꿈에서 깨어나는 게 좋겠다며 면박을 주곤 했다. 그역시 속으로는 친구들의 말이 옳다고 생각했다. 하지만 거기서 멈추지 않았다.

미쳴은 이 아름다운 여성과의 행복한 미래를 꿈꾸었

다. 그는 자신의 매력과 세련된 유머 감각, 자유로운 정신, 활달한 성격을 이용해 그녀의 마음을 사로잡았고, 결국 그녀와 결혼하는 데 성공했다. 그와 같은 처지에 있는 대다수 사람들은 시도조차 하지 못했을 일이었다. 그러나 그는 하늘의 별을 따려고 노력했고 덕분에 그의 인생은 영원히 바뀌었다.

그가 어떻게 이렇듯 멋진 미래를 만들게 된 걸까? 그는 자신이 정말 성취할 수 있다고 생각하는 수준을 훨씬 넘어서는 목표를 세웠다. 그리고 어떤 일이 있어도 그 목표를 달성하겠다고 결심했다. 그 목표를 실현 가능한 작은 단위들로 쪼개어 실현 가능성을 높였다. 삶에서 더 역동적인 행동에 나서기에 앞서 매일 달성해야 할 아주 작은 세부적인 행동들로 쪼갰다.

정말로 자신을 매혹시키는 목표를 선택하라. 그러면 다른 사람들이 가능하다고 생각하는 것보다 훨씬 더 큰 것을 이룰 수 있도록 내 안에 숨은 거인이 힘을 발휘할 것이다. 이것이 자신의 가능성을 확장하고 성장할 수 있는 놀라운 기회가 되는 것이다.

"시작했다면 이미 반은 성취한 것이다."

– 작자 미상

끊임없이 혼란의 안개 속에서 헤매는 것처럼 보이는 사람들이 있다. 누구나 한두 명쯤은 그런 이들을 알고 있다. 그들은 한 가지 길을 가다가 다른 길을 택한다. 한 가지 일을 시도하다가 다른 일로 옮겨간다. 어느 한쪽 방향으로 가다가 다시 반대 방향으로 후퇴한다. 그들의 문제는 간단하다. 자신이 무엇을 원하는지 모른다는 것이다. 목표물이 무엇인지도 모르는데 그것을 맞출 수는 있겠는가.

당신이 지금 해야 할 일은 꿈을 꾸는 것이다. 여기서 가장 중요한 부분은 완전히 집중해서 꿈을 꾸어야 한다는 것이다. 그저 이 책을 읽는 것만으로는 아무런 도움이 되지 않는다. 자리에 앉아서 당신의 꿈을 종이에 적어보라.

안전하고 완전히 편안함을 느끼는 안락한 곳에 자리를 잡아라. 적어도 30분의 시간을 할애해 무엇이 되고 싶은지, 무엇을 하고 싶고, 나누고 싶고, 보고 싶고, 창조하고 싶은지 생각해 보라. 지금껏 경험해 본 적이 없는 소중한 30분이 될 것이다! 목표를 설정하고 원하는 결과를 결단하는 방법을 배우게 될 것이다. 삶에서 가고자 하는 길의 지도를 그리게 될 것이다. 당신이 어느 방향으로 가기를 원하며 그곳에 도달하려면 어떻게 해야 하는지를 알아내게 될 것이다. 이때 한 가지 주의할 점은 '무엇이 가능한지에 대해 어떤 제약도 둘 필요가 없다.'는 것이다.

당신이 실패하지 않을 거라는 사실을 알고 있다면 무엇을 하겠는가? 잠시 이 질문에 대해 진지하게 생각해 보라. 성공을 100% 확신한다면 어떤 일을 할 것 같은가, 혹은 어떤 행동에 나서겠는가? 구체적으로 생각해 보라. 더 구체적으로 생각할수록 결과를 현실화할 수 있는 힘은 더 강해진다. 목록을 만들어보면 어떤 것들은 수년간 생각해 왔던 것일 테고, 또 어떤 것들은 지금껏 한 번도 꿈꿔본 적도 없는 것도 있을 것이다. 그러나 정말 원하는 것이 무엇인지 결정할 필요가 있다. 왜냐하면 무엇을 원하는지 아는 것이 무엇을 얻게 될지를 결정하기 때문이다. 이 세상에 어떤 일이 일어나려면 먼저 당신의 마음속에서 일어나야 한다.

당신은 무슨 일이든
이룰 수 있다!

1. 서로 많은 선물을 주고받는 크리스마스나 명절이라고 가정하고 이루고 싶은 큰 꿈을 생각해 보라! 당신이 꿈꾸는 모든 것을 적어 보라. 가지고 싶은 것, 하고 싶은 일, 되고 싶은 것, 나누고 싶은 것들을 모두 적어 보라. 당신의 삶의 일부가 되었으면 하는 사람들과 느낌, 장소를 상상해 보라. 자리에 앉아서 펜을 들고 적기 시작해 보자. 그것들을 얻을 수 있는 방법에 대한 생각은 접어 두고, 그냥 적기만 하라. 그 어느 것도 제한은 없다.

2. 이번에는 당신이 적은 목록을 훑어보고 언제 그 목표에 도달할 수 있을지를 예상해 보라. 6개월, 1년, 2년, 5년, 10년, 20년. 당신이 목표를 달성하는 데 얼마 동안의 시간이 필요하다고 생각하는지 스스로 확인해 보라.

목록의 내용을 유심히 살펴보자. 어떤 이들은 작성한 목록에 그들이 오늘 당장 원하는 것들만을 적어 놓기도 하고, 또 어떤 이들은 먼 미래에 완전한 성공과 성취를 이룩한 완벽한 세상에서 이루어질 가장 큰 꿈들을 적어 놓기도 한다. 하지만 '천리길도 한 걸음부터'라고 첫 단계를 인지하는 것은 최종 목표를 설정하는 것만큼이나 중요하다.

3. 일단 기간을 설정했다면 올해 달성할 수 있는 네 개의 목표를 고르라. 가장 전념하고 있고 가장 흥분되고 당신에게 가장 큰 만족감을 주는 목표들을 고르라. 또 다른 종이에는 그것들을 다시 적고 당신이 그 목표들을 반드시 달성하려는 이유가 무엇인지 적어라. 어떤 일을 어떻게 해낼 것인가 보다도 그 일을 왜 해야 하는지가 훨씬 더 큰 힘을 발휘하는 법이다. 그 일을 해야 하는 이유만 충분하다면 그 일을 달성할 방법은 언제나 찾아낼 수 있다. 자신에 대해서만 생각할 것이 아니라 당신의 삶에 존재하는 다른 이들에 대해서도 생각해 보라. 당신이 목표를 달성하게 된다면 가족이나 친구들이 어떤 혜택을 받게 될까? 이유가 충분하다면 당신은 이 세상에서 사실상 못 이룰 일이 없다.

....

....

....

4. 이 모든 목표를 달성하려면 당신이 어떤 사람이 되어야 하는지 설명해 보라. 동정심을 더 키워야 할까, 아니면 추진력

을 더 키워야 할까? 학교 교육을 더 받아야 할까? 예를
들어 당신이 교사가 되기를 원한다면 어떤 자질과 자격
을 갖춘 사람이 되어야 할지 설명해 보라.

두뇌를 훈련하라

내가 정한 규칙 중 하나는 목표를 설정할 때마다 그것에 도움이 되는 즉각적인 행동에 나서자는 것이다. 사례에서 등장했던 W. 미첼은 그가 세상에 무언가를 주겠다고 결심한 날부터 사람들에게 미소를 지어 보이기 시작했다. 그리고 좋아하는 간호사에게 즉시 데이트 신청을 했다.

그렇지만 로맨스는 하룻밤 사이에 꽃피지 않는다. 한 걸음씩 진행되는 법! 자신의 가장 좋은 친구는 바로 나 자신이다. 당장 목표를 이루지 못했다고 해서 자책하지는 마라. 이제 우리의 두뇌가 조금씩 목표가 이루어지고 있다는 사실을 자각하게끔 훈련해 보자.

- 하루에 두 번씩, 잠시라도 조용히 앉아서 당신의 목표를 떠올려보라.
- 이미 목표를 이뤘다고 상상해 보라. 그때의 기쁨과 자부심, 흥분감을 느껴보라. 구체적인 장면을 떠올리고 그 현장의 소리를 들어보라!

황홀하지 않은가? 당신은 이런 훈련이 효과가 있다고 믿는가, 아니면 효과가 없다고 믿는가? 혹은 어느 정도는 효과가 있다고 믿는 편인가? 나는 이러한 도구들이 정말 효과가 있다는 사실을 당신에게 보여주기를 원한다. 그래서 일종의 게임을 만들어보았다. 당신이 이 게임에 적극적으로 동참하기로 한다면(당신이 확고한 결심으로 모든 도전에 직면하기로 한다면) 그 보상은 상상을 초월할 것이다.

준비되었는가? 그렇다면 어떤 게임인지 만나보자.

10일간의
마음 훈련

마음 정복을 위한
10일의 도전

이 책에서 다른 것은 안 해보더라도 이것만큼은 반드시 시도해 보길 바란다! 나는 이것을 '10일간의 마음 훈련'이라고 이름 붙였다. 이 훈련은 내 삶을 바로 세워 주었다. 어떻게 그럴 수 있었을까?

한 가지 부정적인 생각에만 계속 매달리지 않게 함으로써 내 마음을 통제할 수 있게 해준 것이다.

게임에 임할 준비가 되었는가? 그렇다면 게임 규칙을 살펴보자.

1. 앞으로 열흘 동안 나쁜 생각이나 느낌, 질문, 단어, 비유를 접했을 때 그것에 매달리지 않는다.

2. 부정적인 감정에 집중하고 있는 (혹은 집중하려고 하는) 자신을 발견하면 즉시 거기서 벗어날 수 있는 질문을 스스로에게 던져라. '문제 해결을 위한 질문법(103쪽 참조)'을 활용하라.

3. 일어나면 삶에 활력을 주는 아침 질문(104쪽 참조)을 한다. 밤에 잠자리에 들기 직전에는 저녁을 기분 좋게 마무리하기 위한 질문들(105쪽 참조)을 던져보라. 그렇게 하면 좋은 기분이 유지되는 기적이 일어날 것이다.

4. 열흘 동안에는 문제가 아닌 오로지 해결책에만 집중한다.

5. 안 좋은 생각이나 질문, 느낌이 떠오르더라도 심하게 자책하지 말고 즉시 생각이나 기분을 전환하라. 하지만 5분 이상 부정적인 생각이 머릿속을 떠나지 않고 맴돈다면 '다음 날 아침까지 기다렸다가 10일 간의 마음 훈련을 1일차부터 다시 시작하라.'

이 게임의 목표는 부정적인 생각을 하지 않고 열흘을 '연달아' 보내는 것이다. 부정적인 생각이 너무 오래 머무를 때마다 처음부터 다시 시작해야 한다. 연속해서 며칠째 도전 중이었든 상관없다.

나는 당신이 10일간의 마음 훈련의 효과가 얼마나 놀라운지 알게 되기를 바란다. 이 도전을 계속해 나가면 살아가면서 끊임없이 이득을 얻을 것이라고 확신한다. 대표적인 효과 4가지를 살펴보자.

1. 당신의 성장에 방해가 되는 모든 생각 습관을 알게 된다.
2. 뇌가 매우 효과적이고 도움이 되는 대체 가능한 생각을 찾게 만든다.
3. 삶을 바꿀 수 있다는 사실을 깨닫게 되면서 엄청난 자신감이 생긴다.
4. 당신을 성장시키고 날마다 삶을 더욱 즐길 수 있게 해줄 새로운 습관과 새로운 기준, 새로운 기대를 갖게 된다.

더불어 사는 세상에
오신 걸 환영한다

나는 10일간의 마음 훈련에 처음 도전했을 때 겨우 이틀 정도를 지속할 수 있었다! 그러나 더 기준을 높게 잡고 성공할 때까지 꾸준히 노력하자 10일간의 마음 훈련은 삶을 바꾸는 경험이 되었다. 이 도전에 성실히 임한다면 내가 그런 것처럼 여러분 역시 동일한 수준의 자유를 얻게 되리라 믿는다.

이번에는 다른 종류의 도전을 제안해 보려 한다. '특별한 초대'라고도 할 수 있겠다.

우리는 우리 자신의 문제를 해결하는(우리 자신을 행복하게 만드는) 가장 좋은 방법 중 하나가 우리보다 더 어려운 상황에 처해 있는 누군가를 돕는 것이라는 생각으로 이 책을 시작했다. 사람들이 내게 인생이 얼마나 힘든지, 그들이 가진 문제가 얼마나 해결책이 없는지 이야기할 때면 나는 가장 우선적으로 그들이 이 습관적인 사고를 중단할 수 있도록 도와준다. 나는 그들에게 간단한 주문을 요구한다.

"하루 이틀 동안 당신의 문제에 대한 생각을 잊어보세요. 그리고 지금 현재 당신보다 더 힘든 시간을 보내고 있는 사람을 찾아서 그 사람이 '조금만' 더 어려움을 잘 헤쳐나갈 수 있도록 도와줘 보세요."

내가 이렇게 조언하면 '지금 나보다 더 큰 문제를 가진 사람은 없어요!'라고 말하는 듯한 표정으로 나를 쳐다보는 이들이 많았다. 그러나 당연히 그 말은 사실일 리 없다. 만약 당신이 직장을 잃었다면 아들이나 딸을 잃은 부부를 찾아보라. 당신이 생활고에 시달리고 있다면 거리에서 사투를 벌이고 있는 사람을 찾아보라. 당신이 승진 대상에서 누락된 것을 신경 쓰고 있다면 무료 급식소에서 받은 음식으로 연명하며 혹독한 추위에 몸을 누일 곳을 찾아 문간에 웅크리고 있는 사람을 찾아보라. 당신이 얼마나 운이 좋은 사람인지를 명심하라.

당신이 현재 마주하고 있는 어려움보다 더 큰 어려움을 겪고 있는 사람이 아마도 한 사람 이상은 있을 것이다. 그들을 도와준다면 두 가지 효과를 얻을 수 있다.

첫째, 당신의 문제를 더 균형 잡힌 시각으로 바라볼 수 있을 것이다. 당신이 지고 있는 짐이 비교적 가볍게 보일 것이고, 사람들이 인생 최대의 어려움을 만났을 때 예외 없이 보여주는 놀라운 용기를 직접 보게 될 것이다. 그래서 상황을 바꿀 수 있는 방법은 항상 존재한다는 사실을 깨닫게 될 것이다.

둘째, 문제를 '해결'해 주지는 못한다 할지라도, 그리고 당신이 하는 일이라고는 다른 이에게 관심을 가지고 위로하는 것에 불과할지라도 당신은 타인에게 선물을 주면 자신에게 10배로 돌아온다는 사실을 깨닫게 될 것이다.

나는 지금 당신이 기울인 노력에 대한 보상을 말하고

있는 것이 아니다. 아주 내밀한 인간의 욕구 중 하나인 기여하고자 하는 욕구에 다가가는 보상을 말하고 있는 것이다. 그저 사심 없이 내어줌으로써 궁극의 기쁨과 만족감을 경험하게 되는 것이다.

　그렇다면 이런 일에 어떻게 동참하는 것이 좋을까? 동참하는 게 어려운 일일까? 천만의 말씀! 지금부터 24시간 안에, 혹은 늦어도 다음 주 내로 당신이 모르는 누군가에게 '약간의' 도움이나 지원을 제공하려고 노력해 보라. 내일 전화번호부에서 양로원이나 요양원을 찾아보는 것도 좋은 방법이다. 퇴근길에 그곳에 들러 책임자에게 자신을 소개하고 한동안 방문객이 없었던 분을 뵙고 가겠다고 요청해 보라. 가족이 없거나 가족이 있어도 방문하지 않는 사람을 만나고 싶다고 이야기할 수도 있을 것이다. 처음 만났을 때는 활짝 미소 지으며 "찰리 할아버지, 안녕하세요!"라고 인사하면 된다. 찰리 할아버지가 당신을 보고 당신만큼 기뻐한다면 따뜻하게 한번 안아드리는 건 어떨까? 그냥 이야기를 나누며 그가 어떤 분인지 그에 대해 알아가며 한 시간을 보내 보라. 이렇게 전혀 모르는 사람이 그를 찾아와 관심을 보이는 것이 외로운 한 영혼에게 어떤 영향을 미치게 될까? 아니, 당신에게는 어떤 영향을 미칠까?

최소한 삶의 진정한 목적이 무엇인지와 당신이 누구인지를 다시 생각해 보게 될 것이다. 또한 인간의 가장 고귀하고 근본적인, 타인과 연결되고 그들에게 도움을 주고자 하는 욕구가 충족되는 느낌이 들 것이다. 당신을 변화시킬 것이다. 그러니 시간을 내어 사심 없이 베푸는 이들에게만 주어지는 선물을 자신에게 선사해 보라.

이제 이 책을 마무리할 시간이 다가오니 개인적인 부탁 한 가지를 하고 싶다. 자신을 아주 잘 돌보겠다고 약속해 주었으면 한다. 당신이 더 행복하게 잘 살수록 다른 이들에게 더 많은 것을 베풀 수 있게 될 것이기 때문이다. 그저 자신을 잘 돌보는 수준을 넘어서야 한다. (보통의 삶에 약간의 헌신과 기여, 그리고 사랑을 더한) 훌륭한 인생을 살아야 한다.

그리고 당신의 삶, 혹은 다른 이들의 삶을 발전시키기

위해 이 책에서 배운 것을 어떻게 활용했는지 내게 전해
주길 바란다. 개인적으로 여러분의 이야기를 듣게 될 날
이 오기를 기대한다. 그럼 그때까지….

신의 축복이 함께하길

토니 로빈스

"당신을 위해 길이 솟아오르기를

항상 당신 뒤에서 바람이 불어주기를

태양이 당신의 얼굴을 따뜻하게 비춰주기를

비가 당신의 들판에 부드럽게 내리기를

그리고 우리가 다시 만나는 그날까지…

부드러운 신의 손이 당신을 잡아주시기를"

– 아일랜드 축복의 기도

토니 로빈스는 35년이 넘는 세월 동안 전 세계 사람들
이 자신의 고유한 위대함을 발견하고 발전시키도록 돕는
데 일생을 바쳐왔다. 미국에서 최고 성과 분야의 선두주
자이자 리더십 심리와 협상, 개인의 변화, 조직 전환 분
야에서 최고 권위자로 인정받고 있는 그는 전략 수립 능
력과 인도주의적 활동으로 대중의 지속적인 인정을 받고
있다. 토니 로빈스는 여러 권의 베스트셀러와 다중 매체
강의, 대중 강연, 라이브 행사 등으로 100여 개국의 5천
만 명 이상의 사람들의 삶을 바꿔왔다. 5권의 책을 14개

언어로 출간한 세계적인 베스트셀러 작가이자 최고의 자기 계발 및 직업 계발 프로그램인 '퍼스널 파워Personal Power'의 창시자이기도 하다. 지금까지 퍼스널 파워 프로그램의 오디오 테이프 강의는 전 세계적으로 4천만 개가 넘게 판매되었다.

토니 로빈스는 대통령, 정치인, 인도주의 활동가, IBM, AT&T, 아메리칸 익스프레스American Express와 같은 다국적 기업의 CEO 및 임원, 맥도넬 더글라스McDonnell-Douglas, 미군, 심리학자, 유명 의사, 최고 기량의 운동선수와 로스앤젤레스 다저스, 로스앤젤레스 킹스, NBA 챔피언 샌안토니오 스퍼스, 아메리카 3, 아메리카컵 팀과 같은 스포츠 팀, 올림픽 금메달리스트, 일류 코치, 세계적으로 유명한 방송인, 교사, 부모 등 각 분야의 리더들에게 자문을 제공하기도 했다.

토니 로빈스는 액센추어Accenture에서 발표하는 '세계 최고의 비즈니스 지성인 50인' 중 한 명으로 선정된 바 있으며, 하버드 비즈니스 출판사Harvard Business Press의 '비즈니스 전문가 톱 200'에도 포함되었다. 또한 기업가와 고객들에 대한 자문 활동으로 아메리칸 익스프레스^{American Express}가 뽑는 '세계 톱 6 비즈니스 리더'에도 이름을 올렸다. 〈포브스^{Forbes}〉 선정 '100인의 유명 인사'에도 포함되었으며, 바이런 화이트 전 대법관은 그를 세계에서 '가장 훌륭한 인도주의자' 중 한 명으로 선정하기도 했다. 또한 국제상업회의소 선정 '세계에서 가장 뛰어난 인물 10인'에 뽑히기도 했다.

토니 로빈스는 개인이 자신의 삶의 질을 높이는 것을 도와줌으로써 세상을 더 살기 좋은 곳으로 만드는 데 각별한 열정을 가지고 있다. 삶의 질을 높인다는 것은 이를테면 가족과의 관계를 더 좋게 향상시키거나 목표를 달성하는 데 주의를 집중하거나 심적 고통 혹은 경제적 어려움을 줄이거나 지역과 국가에 크게 공헌하는 것 등을 의미한다. 수년에 걸쳐 그는 어려운 이웃들에게 사심 없이 자신의 에너지와 자원을 나누어주었다. 그가 운영하는 비영리 단체 토니 로빈스 재단은 2,000개가 넘는 학교와 700여 곳의 교도소, 10만 여개의 서비스 기관 및 노숙자 쉼터를 지원하거나 프로그램을 운영했다. 또한 매년 56개국에서 2백만 명 이상의 사람들에게 먹거리를 나누어주는 국제적인 음식 나눔 행사인 '바스켓 브리게 이드'를 개최하기도 한다.

그는 이 활동들이 계속 이어져 세상을 변화시킬 수 있는 유산으로 남기를 바라면서 열정적인 노력을 기울이고 있다. 그가 재단 활동 이상으로 열정을 쏟는 일이 있다면 그것은 네 아이의 헌신적인 아버지이자 사랑하는 아내의 남편으로서의 역할이다.

  토니 로빈스 재단은 개인과 조직을 강화해 노숙자, 청
년, 노인, 재소자 등 사회 소외 계층의 사람들에게 도움
을 줄 수 있도록 설립된 비영리 단체이다. 국제연합의 헌
신적인 자원봉사자들의 도움을 받아 우리는 이 사회의
중요한 구성원들이 삶의 질을 크게 향상시킬 수 있도록
동기부여와 교육, 자기계발을 위한 최고의 자원을 제공
하고 있다.

  토니 로빈스는 조건 없는 헌신의 힘을 깨달은 사람들
만이 인생의 가장 깊은 즐거움이라 할 수 있는 진정한 만

족감을 경험할 수 있다는 믿음을 기반으로 1991년에 토니 로빈스 재단을 설립했다.

조건 없는 사랑의 실천

열한 살 소년이었던 토니 로빈스는 추수감사절 오후에 누군가가 현관문을 두드리는 소리를 듣고 아버지와 함께 나가 보았다. 구깃구깃한 옷을 입은 한 남자가 추수감사절 저녁 식탁에 오르는 각종 음식들을 가득 담은 바구니를 들고 서 있었다. 토니의 가족은 그런 음식을 살 형편이 못 되었지만 바구니를 받기를 주저했고, 그걸 감지한 남자는 자신이 음식 바구니를 주는 것이 아니라 친구가 보낸 것이며 자신은 그것을 배달하는 것일 뿐이라고 어린 토니와 아버지를 안심시켰다. 이같은 조건 없는 사랑의 실천은 어린 토니를 감동시켰고, 그는 그가 받은 호의를 성인이 되어 반드시 다른 이들에게 돌려주겠노라고 다짐했다.

30여 년 전에 두 노숙 가족에게 음식을 나누어주었던 토니 로빈스의 개인적인 노력이 이제는 토니 로빈스 재단의 인터내셔널 바스켓 브리게이드(음식 나눔 행사)로 발전했다. 인터내셔널 바스켓 브리게이드는 이제 수천 명의 자원봉사자들이 전 세계의 수백만의 사람들에게 음식, 옷, 그리고 그 밖의 공급 물품들을 제공하는 풀뿌리 프로그램으로 자리 잡았다.

여러분의 동참을 기다린다

삶은 선물이다. 그리고 우리 모두는 선물을 받은 만큼 되돌려주어야 할 책임이 있다. 여러분의 헌신은 진정한 변화를 가져올 수 있다. 그러니 불우한 이웃들이 더 행복한 삶을 누릴 수 있도록 돕는 우리의 활동에 동참하길 바란다.

우리는 청년, 노숙자, 장애인들을 위한 프로그램들을 통해 재단의 헌장을 충실히 이행하고 있다.

관심 있는 독자들의 많은 연락을 기다린다.

www.thetonyrobbinsfoundation.org

옮긴이 **강성실**

한국외국어대학교 글로벌 캠퍼스 영어과를 졸업했다. YBM Sisa, 파고다 아카데미 등에서 영어 전문 편집자로 다년간 근무했으며, 현재 번역 에이전시 엔터스코리아에서 출판 기획 및 전문 번역가로 활동하고 있다. 주요 역서로는 『제2의 불확실성의 시대: 세계는 어떻게 불확실한 미래에 대비해야 하는가』, 『굿모닝 해빗』, 『아침에 일어나면 꽃을 생각하라 : 달라이 라마 어록』, 『인생에 승부를 걸 시간 : 돈은 당신을 기다려 주지 않는다!』 등이 있다.

거인이 보낸 편지

1판 1쇄 인쇄 2023년 12월 11일
1판 1쇄 발행 2023년 12월 20일

지은이 토니 로빈스
옮긴이 강성실

발행인 양원석　**편집부 담당** 이아람
디자인 김유진, 김미선　**영업마케팅** 양정길, 윤송, 김지현, 정다은, 박윤하
펴낸 곳 ㈜알에이치코리아
주소 서울시 금천구 가산디지털2로 53, 20층 (가산동, 한라시그마밸리)
편집문의 02-6443-8842　**도서문의** 02-6443-8800
홈페이지 http://rhk.co.kr
등록 2004년 1월 15일 제2-3726호

ISBN 978-89-255-7558-2 (03190)